DEPREDACIÓN DE GANADO POR JAGUARES Y PUMAS EN EL LLANO BOSCOSO DE VENEZUELA

TESIS DE MAESTRÍA DE

Antonio J. González-Fernández

2° Edición

Guanare – VENEZUELA

2017

DISEÑO DE LA PORTADA

Cráneo de un toro Guzerá simbolizando la muerte de ganado causada por depredación.

BIEN HECHO EN

ii

DEDICATORIA

A mis padres, amantes de la naturaleza y forjadores de conciencia conservacionista a través del ejemplo.

A mi tío Luis OCANDO ORIA, por su ejemplo y estímulos para continuar siempre adelante.

A.J.G-F.

AGRADECIMIENTO

Al profesor Eduardo LANDER DELGADO por su orientación y permanente buena disposición para tutorar esta investigación.

A la **Asociación Educativa para la Conservación de la Naturaleza "ECONATURA"**, por el apoyo económico recibido para la realización de este trabajo.

A la Asociación **Centro de Investigación y Manejo de Fauna – MANFAUNA** y a la **Asociación para el Desarrollo del Museo de Ciencias Naturales de la UNELLEZ "ASOMUSEO"**, por el importante apoyo logístico que representó la disponibilidad de vehículos rústicos para el trabajo de campo.

Al Dr. Lee FITZHUGH y al Méd. Vet. Rafael HOOGESTEIJN por sus valiosas recomendaciones para el diseño de la investigación.

A todos los propietarios y administradores de los hatos incluidos en el estudio, por la atención recibida y la buena disposición para suministrar la información requerida.

Al Lic. Ornar HERNÁNDEZ por sus valiosos aportes de conocimiento y experiencia que fueron de gr.an utilidad en la investigación.

A José Francisco ARIAS, Martín CORREA-VIANA, Salvador BOHER, José Luis MÉNDEZ AROCHA y Manuel GONZÁLEZ-FERNÁNDEZ, por las revisiones y recomendaciones para mejorar las diferentes versiones del informe final.

A los auxiliares y ayudantes durante el trabajo de campo, Yalixa MEJÍAS, Elena DEL CONTE y mis hermanos Manuel, José Francisco y Juan José, quienes estuvieron siempre dispuestos a colaborar.

A la UNELLEZ por haberme proporcionado la oportunidad de cursar estudios de cuarto nivel en el área del manejo de fauna silvestre, y a todos los profesores del Postgrado en Manejo de Fauna Silvestre y Acuática por la transmisión de sus conocimientos y experiencias.

A todas aquellas personas que con sus útiles consejos y estímulos facilitaron la culminación de esta investigación.

LA UNIVERSIDAD QUE SIEMBRA

ACTA DEFENSA PUBLICA DE TRABAJO DE GRADO

En la sede del Vicerrectorado de Producción Agrícola de la UNELLEZ, Guanare, a las 10:45 am, del día 11 de noviembre de mil novecientos noventa y cuatro, se reunieron los Profesores: Eduardo Lander (Coordinador), José Francisco Arias; y el Lic. Salvador Boher; miembros del comité evaluador, designados por el Consejo Directivo N₀ , Acta N₀ 438 Punto N₀ 81, de fecha 03-10-94, para proceder a emitir veredicto sobre la defensa pública del trabajo de grado titulado:"INCIDENCIA Y FACTORES PREDISPONENTES DE LA DEPREDACION DE GANADO POR YAGUARES (Panthera onca) Y PUMAS (Puma concolor) EN LOS LLANOS BOSCOSOS DE VENEZUELA" desarrollado por el Zoot. Antonio González, como requisito parcial para optar al grado de MAGISTER SCIENTIARUM EN RECURSOS NATURALES RENOVABLES, MENCION: MANEJO DE FAUNA SILVESTRE Y ACUATICA.

Cumplido el acto de defensa, el cual finalizó a las 12:30 pm, los miembros del jurado resolvieron aprobar el mencionado trabajo. Y, considerando que el trabajo es de contenido original y metodologicamente muy bien conducido, que muestra la aplicación de conocimientos novedosos, y que representa un gran aporte al manejo de fauna silvestre que en algunos aspectos, son los primeros y únicos al dilucidar la importancia de la depredación de ganado por yaguares y pumas dentro de los sistemas de producción pecuaria de los llanos boscosos de los estados Cojedes y Portuguesa, se otorga "Mención Honorífica" y se recomienda su divulgación y publicación.

en virtud de lo anteriormente expresado se firman:

Prof. José Francisco Arias
UNELLEZ

Lic. Salvador Boher
UCV - Caracas

Prof. Eduardo Lander
Coordinador del Jurado
UCV - Maracay

Antiguo Convento de San Francisco - Guanare - Edo. Portuguesa
Carrera 3 entre 16 y 17
Teléfonos: (057) 55119 - 55243 - 512127 - 512170
FAX: (057) 511690

vii

ÍNDICE DE CONTENIDO

Pág.

PORTADA INTERNA i

©Copyright ii

DEDICATORIA iii

AGRADECIMIENTO v

ACTA DE DEFENSA PÚBLICA DE TRABAJO DE
    GRADO vii

ÍNDICE DE CONTENIDO ix

PREFACIO xi

RESUMEN xv

ABSTRACT xvi

INTRODUCCIÓN 1

ANTECEDENTES 5

    Biología y ecología de los grandes félidos 5

    Depredación de ganado por félidos 17

        Incidencia 17

        Factores predisponentes 21

    El Llano boscoso de Venezuela 24

        Sabana Abierta 30

        Chaparrales 31

        Sabana Arbolada 31

        Bosque Semideciduo 32

        Bosque de Galería 33

MATERIALES Y MÉTODOS 35

Variables que caracterizan la administración 37

Variables que caracterizan el sistema de producción 38

Variables que caracterizan el hábitat 39

Variables que caracterizan la depredación de ganado 41

RESULTADOS Y DISCUSIÓN 47

Descripción de la muestra 47

Incidencia de la depredación de ganado 48

Factores predisponentes a la depredación de ganado 52

Características de la administración 52

Características del hábitat 58

Características del sistema de producción 66

Características de la depredación de ganado 69

Consecuencias de la depredación de ganado 71

Observaciones resaltantes 77

Estrategias para prevenir la depredación de ganado 80

Manejo del ganado 80

Manejo de la fauna silvestre 81

Manejo de hábitats 88

CONCLUSIONES Y RECOMENDACIONES 95

BIBLIOGRAFÍA CITADA 103

Apéndice I: ENCUESTA 109

Apéndice II: LA CACERÍA DE UN JAGUAR 117

NOTAS DEL LECTOR 123

COLOFÓN 124

PREFACIO

En septiembre de 1991 se realizó en Caracas el Simposio "Felinos de Venezuela: Biología, Ecología y Conservación" al cual asistieron los principales especialistas nacionales e internacionales sobre los félidos silvestres americanos. Por una de esas circunstancias de la vida que llamamos casualidades, yo estaba en esos días en Caracas debido a una urgencia médica y cirugía a la que había sido sometido mi padre.

Yo ya había iniciado mis estudios en la maestría en Manejo de Fauna Silvestre y Acuática. En mi condición de profesor en el área de ganadería bovina, mi universidad (UNELLEZ) me había puesto como condición para autorizarme esos estudios de postgrado, que la tesis estuviera íntimamente relacionada con los sistemas de producción ganaderos.

A mediados de agosto de ese año, dos semanas antes del simposio, habían aparecido en nuestra finca familiar, la Reserva Privada de Naturaleza MATACLARA, dos novillas F1 de Guzerá x Holstein matadas por un jaguar. Con ese problema sin resolver, mi padre que ya estaba convaleciente de su cirugía, vio una invitación en la prensa para el simposio sobre los felinos y me propuso que fuéramos.

Asistí al simposio aún sin haber definido cuál sería el tema de investigación para mi tesis de maestría. Las conferencias y el taller fueron todas muy interesantes, incluso se me dio la oportunidad de introducir y presentar una propuesta en el taller "El Futuro de los Felinos en Venezuela" que se realizó dentro de las actividades del simposio.

Al final del taller, varios especialistas hablaron sobre la necesidad urgente de investigar el problema de la depredación de ganado por los félidos silvestres. Se dijo que la investigación debía ser conducida por un profesional de la producción animal, más que por un biólogo. Yo sentí que me estaban señalando a mí y mientras continuaban las intervenciones, tome una hoja y escribí el título de la investigación, su objetivo general, sus objetivos específicos y un breve resumen de los métodos a aplicar. Me paré y entregué la hoja a los moderadores, la leyeron e inmediatamente Clemencia RODNER, representante de la directiva de la **Asociación Educativa para la Conservación de la Naturaleza "ECONATURA"**, me ofreció el financiamiento para empezar inmediatamente el trabajo **"Incidencia y factores predisponentes de la depredación de ganado por jaguares y pumas en los llanos boscosos de Venezuela"**... *¡Ya tenía mi tesis de maestría!*

Así surgió esta investigación, para la cual recibí otros apoyos importantes, principalmente de los propietarios de los hatos y fincas incluidos en el estudio para evaluar el problema de la depredación. Luego de tres años de trabajo, presenté y defendí la tesis ante el jurado y me otorgaron la mención honorífica. Recuerdo que en el acto de defensa, en vez de entregar a los asistentes el resumen del trabajo, les entregué una hoja impresa con el poema **"La cacería de un Jaguar"** que está incluido al final de este libro (Apéndice II). Uno de los profesores asistentes dijo que era la primera vez que veía un resumen tan conciso y preciso de una tesis de maestría, escrito en verso.

Lamentablemente, los archivos digitales con el informe de la tesis los perdí con un colapso del disco duro de mi computadora. Escribí algunos artículos breves sobre este trabajo, pero no fue hasta febrero de 2017 cuando pude rescatar un ejemplar impreso de los que había entregado a la universidad, lo desencuaderné y lo escaneé completo. Luego lo edité yo mismo en forma de libro, conservando todos los textos del original, sin mayores correcciones.

En los últimos años ha avanzado mucho el conocimiento sobre los dos más grandes félidos americanos y sobre los conflictos para su conservación. Sin embargo, la información generada con este trabajo no ha perdido vigencia porque el problema de la depredación de ganado se mantiene y las amenazas sobre las poblaciones de Jaguar y de Puma continúan incrementándose.

Este es el trabajo original completo presentado como mi tesis de maestría. Espero que la información ahora en forma de libro de libre acceso sea aún de utilidad para los investigadores, para los ganaderos…

¡Y para la conservación de los jaguares y pumas!

DEPREDACIÓN DE GANADO POR JAGUARES Y PUMAS EN EL LLANO BOSCOSO DE VENEZUELA

Antonio J. GONZÁLEZ-FERNÁNDEZ

Universidad Nacional Experimental de los
Llanos Occidentales "Ezequiel Zamora" – UNELLEZ
Guanare, Venezuela.

Centro de Investigación y Manejo de Fauna – MANFAUNA

RESUMEN

Este trabajo se realizó en la región del Llano de Venezuela con la finalidad de determinar la incidencia y los factores predisponentes del problema de la depredación de ganado por los félidos silvestres y diseñar estrategias para disminuir la probabilidad de ocurrencia. Entre los años 1992 y 1994 se visitaron 37 fincas ganaderas (243 325 ha) seleccionadas al azar y en cada una de ellas se registraron 100 variables que describen las características del sistema de producción pecuario, de la administración, del hábitat y de la depredación de ganado. Se encontró que 27 fincas (73 %) tuvieron pérdidas de ganado por depredación, las cuales cubren 211 274 ha (87 % del área total de la muestra). Del rebaño total en todas las fincas de la muestra (92 043 cabezas), 719 cabezas (0,4 %) fueron perdidas por depredación; de las cuales 103 cabezas (0,3 % del rebaño) fueron depredadas en fincas por jaguar únicamente; 241 cabezas (0,5 % del rebaño) en las fincas afectadas por puma solamente y 375 cabezas (0,8 % del rebaño) en las fincas afectadas por ambas especies. El máximo valor fue de 2,4 % del rebaño depredado anualmente. Comparando las características de las fincas según la existencia o no de problemas de depredación y según la especie depredadora, se identificaron algunos factores que pueden predisponer a los grandes félidos silvestres (Jaguar y Puma) a depredar sobre el ganado.

Palabras Claves: conservación, conflicto, *Panthera onca*, *Puma concolor*.

LIVESTOCK PREDATION BY JAGUARS AND PUMAS IN WOODED LLANO OF VENEZUELA

Antonio J. GONZÁLEZ-FERNÁNDEZ

Universidad Nacional Experimental de los
Llanos Occidentales "Ezequiel Zamora" – UNELLEZ
Guanare, Venezuela

Centro de Investigación y Manejo de Fauna – MANFAUNA

ABSTRACT

This study was carried out between 1992 and 1994 in the Llano region of Venezuela with the purpose of determining the incidence of the problem of the predation of livestock by the wild felids (Jaguar and Puma) and the factors that can predispose these animals to depredate on the domestic livestock We visit 37 cattle properties (243 325 hectares) selected at random and in each one of them they registered 100 variables that describe the characteristics of the cattle production system, of the administration, of the habitat and of the livestock predation. We found that 27 properties (73 %) had losses of livestock by predation, which cover 211 274 hectares (87 % of the area total sampled). Of the total herd in all the properties sampled (92 043 heads), 719 heads (0.4 %) were lost by predation; of those which 103 heads (0.3 % of the herd) they were only depredated in properties by jaguar; 241 heads (0.5 % of the herd) in the properties only affected by puma and 375 heads (0.8 % of the herd) in the properties affected by both species. The maximum value was of 2.4 % of the herd depredated annually. Comparing the characteristics of the ranch according to the existence or not of predation on livestock and according to the predator species, some factors were identified that can predispose to the big wild felids to depredate on the livestock.

Keywords: conservation, conflict, *Panthera onca*, *Puma concolor*.

INTRODUCCIÓN

En todo sistema de producción ganadero se presentan diversos factores que provocan la muerte de animales. Para la mayoría de esas causas de mortalidad, el ganadero tiene a su disposición medidas que con mayor o menor eficacia, le permiten disminuir las pérdidas de ganado; tales como las vacunaciones, tratamientos curativos o de control para las parasitosis y otras enfermedades, suplementación nutricional y todo un conjunto de normas de manejo para tratar de hacer el sistema cada vez más eficiente en la producción.

En el Llano[1] de Venezuela y en otras regiones, existe una causa de mortalidad de ganado para la cual no se han determinado las medidas de manejo más convenientes para prevenirla y combatirla: la depredación de ganado por animales silvestres.

---

[1]: En esta edición se ha preferido el uso de Llano en singular y con mayúscula inicial para referirse al nombre propio de una región que es única y sin solución de continuidad en toda su extensión... ¡El Llano es uno! (Nota del autor).

Entre las especies silvestres que pueden depredar el ganado, las que causan actualmente mayores pérdidas en el Llano venezolano son el Jaguar[2] (*Panthera onca*) y el Puma (*Puma concolor*). Aunque la depredación no es una causa importante de pérdidas en la ganadería nacional, sí es la causa de un grave conflicto entre la necesidad de conservar estas especies de depredadores y la necesidad del ganadero de disminuir sus pérdidas. Un jaguar o un puma cebado a depredar sobre el ganado pueden llegar a matar más de una res semanal, lo cual lo convierte algunas veces en el principal factor de mortalidad de ganado en su ámbito de acción.

La forma más comúnmente utilizada para controlar la depredación sobre el ganado es la cacería de los depredadores, sin embargo, esa cacería es totalmente ilegal por tratarse de especies que están amenazadas de extinción y por ello están protegidas por las leyes nacionales y por

---

[2]: En el trabajo original se utilizó el nombre común de esta especie escribiéndolo con "Y" porque así si respeta la pronunciación original indígena suramericana (Yaguará, Yaguareté). En inglés, francés y alemán se escribe "Jaguar" porque la pronunciación de la "J" en esos idiomas es similar a la "Y" en español, tal como en *jumbo, jet* o *John*. Sin embargo, en esta 2° edición, se ha utilizado el nombre común con "J" debido a que así se ha impuesto su uso en la mayoría de publicaciones en el ámbito internacional (Nota del autor).

convenios internacionales. Este conflicto amerita una mayor atención de parte de investigadores y administradores del recurso fauna y de la producción pecuaria.

Este trabajo se realizó en el Llano boscoso de Venezuela, atendiendo las recomendaciones emanadas del Taller "El Futuro de los Felinos en Venezuela" (Barrera y De Lucca, 1992) sobre la necesidad de investigar y buscar soluciones al conflicto entre los grandes félidos y los ganaderos. Los objetivos específicos de este trabajo fueron, en primer lugar, estimar y evaluar la incidencia de pérdidas de ganado ocasionadas por la depredación de los grandes félidos silvestres en la región del Llano boscoso de Venezuela y, en segundo lugar, determinar y evaluar los posibles factores que predisponen a los félidos a depredar sobre el ganado. Todo ello, con el objetivo general de identificar y diseñar estrategias para el manejo del ganado, de la fauna silvestre y de los hábitats que sean de utilidad para disminuir la probabilidad de depredación sobre el ganado.

ANTECEDENTES

Biología y ecología de los grandes félidos

Terborgh (1988) señaló que para el mantenimiento de cualquier ecosistema es importante la existencia de los consumidores que ocupan la cúspide de la pirámide trófica. Los animales carnívoros, especialmente los grandes depredadores, juegan un papel de mucha importancia en el control y mantenimiento del ecosistema donde habitan. Un cambio drástico en una población de depredadores puede afectar considerablemente la comunidad en general y ello puede desestabilizar el ecosistema. La presencia de grandes carnívoros en un ecosistema puede ser un indicador de la calidad del hábitat.

Eisenberg (1989) indicó que dentro del orden **Carnívora,** la familia **Felidae** puede considerarse poseedora de los más especializados carnívoros, aún más que los miembros de la familia **Canidae,** debido a que los félidos consumen un mínimo de frutas y otras materias vegetales. Los félidos por lo general, a diferencia de los cánidos, no están adaptados para perseguir sus presas a través de largas distancias; más bien utilizan el acecho y desarrollan una gran velocidad que les permite alcanzar la presa en una corta distancia y mediante su fortaleza corporal la dominan rápidamente.

En América las especies más importantes de la familia **Felidae,** en lo referente a su tamaño corporal, son el Jaguar o Tigre Americano (*Panthera onca* Linnaeus, 1758), perteneciente a la subfamilia **Pantherinae** y el Puma o León Americano (*Puma concolor* Linnaeus, 1771), perteneciente a la subfamilia **Felinae** (Wozencraft, 1993)[3].

Hasta hace poco la información científica disponible sobre el jaguar era muy escasa y principalmente anecdótica (Aranda, 1992). Hoy en día, las investigaciones de campo de George Schaller, Peter Crawshaw, Howard Quigley, Alan Rabinowitz, Marcelo Aranda y Louise Emmons han transformado la situación (Jackson, 1993). A esos autores se añaden con igual mérito los venezolanos Rafael Hoogesteijn y Edgardo Mondolfi. El Dr. Peter Jackson, presidente del Grupo de Especialistas en Félidos (CSG) de la Comisión de Supervivencia de Especies (SSC) de la

---

[3]: Técnicamente, el jaguar no es un felino, sino un panterino; por ello se utiliza en este trabajo el término félidos para referirse conjuntamente a las dos especies estudiadas, en vez del tradicional felinos (Nota del Autor).

Unión Internacional para la Conservación de la Naturaleza (UICN), considera el libro "El Jaguar" publicado en Venezuela por Hoogesteijn y Mondolfi (1992) como un texto completo sobre la especie (Jackson, 1993).

El jaguar es un inmigrante reciente al continente americano, de allí que posee tamaño y peso corporal alto en comparación con sus presas naturales (Hoogesteijn y Mondolfi, 1992). Eisenberg (1989) señaló que el jaguar es el félido de mayor tamaño en América y el tercero en el mundo después del león africano (*Panthera leo*) y del tigre asiático o de Bengala (*P. tigris*). En Venezuela puede alcanzar un largo total de 2,40 m, la cola representa cerca de un tercio de la longitud total y el peso adulto oscila alrededor de los 100 kg, el récord de peso registrado en Venezuela es de 149 kg (Hoogesteijn y Mondolfi, 1992). Posee relativamente la más poderosa musculatura mandibular y caninos entre todos los félidos (Haltenorth, 1937, citado por Hoogesteijn y Mondolfi, 1992). Aunque se han conocido individuos melánicos, o sea, totalmente negros, principalmente en la región Amazónica (Hoogesteijn y Mondolfi, 1992), generalmente son de color amarillo o anaranjado claro, con manchas negras en forma de rosetas distribuidas en todo el cuerpo que los hace inconfundibles entre los félidos americanos. El jaguar es el

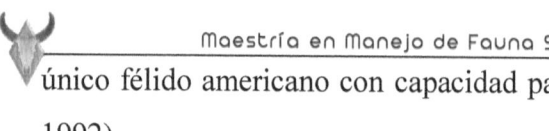
único félido americano con capacidad para rugir (Aranda, 1992).

El puma es la segunda especie en tamaño entre los félidos americanos después del jaguar. Los machos pueden llegar a los 2,70 m de longitud total, de los cuales 0,60 a 0,70 m corresponden a la cola. Es un animal menos robusto que el jaguar y suele pesar entre los 60 y 100 kg. Las hembras son generalmente más pequeñas, con una longitud total entre 1,50 a 2,30 m. El tamaño adulto de esta especie posee variaciones importantes a lo largo de su área de distribución que abarca desde Canadá hasta la Patagonia (Eisenberg, 1989). La densidad poblacional de los pumas se estimó en el Chaco paraguayo en un puma por algo más de 9 km² (Brooks, 1992).

El puma tolera una mayor gama de hábitat en comparación con el jaguar. Su distribución abarca desde el nivel del mar hasta localidades por encima de los 2000 m.s.n.m., en bosques de coníferas, en bosques tropicales lluviosos, bosques deciduos y sabanas arboladas. El puma ocupa la posición de depredador tope en el sur de Suramérica, en las sierras andinas y en muchas zonas donde ha desaparecido el jaguar (Eisenberg, 1989).

En Suramérica el jaguar y el puma coexisten en muchas regiones. El jaguar domina sobre el puma y éste ajusta sus movimientos para evitar el encuentro con el jaguar (Schaller y Crawshaw, 1980). Según Brooks (1992), en el Chaco paraguayo los hábitos alimentarios de ambas especies son muy similares, incluyendo entre sus presas el ñandú (*Rhea americana*), el venado matacán (*Mazama gouazoubira*), los báquiros (*Tayassu pecari*, *Pecari tajacu* y *Catagonus wagneri*) y la danta (*Tapirus terrestris gazzini*). Sesenta y cinco por ciento de las 400 excretas de jaguar y puma analizadas en esa región contenían restos de venado matacán.

Rabinowitz y Nottingham (1986) señalaron que ambas especies utilizan señales olfativas y visuales para marcar sus territorios. Para ello utilizan las heces, la orina y arañazos en los troncos de los árboles y en el suelo. Estas señales son más frecuentes en la medida en que dos jaguares, un jaguar y un puma o dos pumas utilicen áreas adyacentes o sobrepuestas durante el mismo tiempo. Schaller (1983) opina que entre estos carnívoros consumen todo el espectro de mamíferos terrestres, con la posible excepción de los muy pequeños (ratones, ratas, marsupiales). Brooks (1992) indicó que los jaguares son más intuitivos, menos curiosos y menos tolerantes a la actividad humana que los pumas. El jaguar, al parecer, posee menos capacidad para adaptarse a la intrusión del humano en su hábitat.

Seymour (1989) señala que el área de distribución histórica del jaguar abarcó desde el suroeste de los Estados Unidos de América hasta el sur de Argentina. Sin embargo, la presión de cacería y la destrucción de su hábitat han causado su desaparición en extensas zonas y actualmente puede considerarse extinto en Estados Unidos (Brown, 1983; citado por Seymour, 1989), El Salvador, Uruguay (Koford, 1975) y grandes extensiones desarrolladas en Brasil (Thornback y Jenkins, 1982; Arra, 1974). Actualmente se considera especie en peligro en Solivia, Panamá, Costa Rica y Honduras. Se considera raro o escaso en gran parte de Perú, Colombia y Venezuela (Mondolfi y Hoogesteijn, 1986; Paradiso, 1972). El límite norte de su área de distribución ha retrocedido cerca de 1000 km (Seymour, 1989). En Norte y Centroamérica ocupa actualmente 33 % del área de distribución original y en Suramérica sólo 62 % (Swank y Teer, 1989). La subespecie de Venezuela (*P. o. onca*) es la segunda en tamaño después de la de Pantanal en Brasil y este de Bolivia (*P. o. paraguensis*). La especie de Centroamérica es *P. o. hernandesii* (Seymour, 1989).

El jaguar fue colocado por el U.S. Fish & Wildlife Service en la lista de especies en extinción en 1972. Posteriormente, en 1973, fue incluido en el Apéndice I de la Convención Internacional sobre el Comercio de Especies Amenazadas de Flora y Fauna Silvestres (CITES) y en 1976 en la lista de especies amenazadas de UICN. La razón para incluir a esta especie en esas listas fue la gran cantidad de pieles que estaban comercializándose (Hoogesteijn y Mondolfi, 1992). El jaguar está incluido en la Lista Oficial de Animales de Caza en Venezuela, sin embargo, ha estado protegido legalmente desde 1974, primero por la veda general que duró cinco años y luego porque nunca ha sido incluido en los Calendarios Cinegéticos para la cacería deportiva (Medina Padilla *et al.,* 1992). Sin embargo, Swank y Teer (1989) indicaron que el jaguar ha sido exterminado en muchas partes y actualmente está considerado como una especie en peligro de extinción. En décadas pasadas la cacería para comerciar con su piel causó una drástica disminución de las poblaciones de félidos manchados, incluyendo lógicamente al jaguar. Antes de la firma de CITES en 1973, un gran número de félidos de piel manchada fueron cazados para comerciar con su piel, la cual gozaba de alta demanda y altos precios en el mercado internacional. La misma fuente indicó que luego de entrar en vigencia CITES se siguieron exportando pieles clandestinamente en menor número desde Venezuela a través de Colombia, país que no suscribió la convención hasta 1981. Sin embargo, señalan que sí hubo una fuerte disminución de la cacería de félidos con fines comerciales desde que CITES entró en vigencia.

Al menos en forma aparente, durante los últimos años se ha notado cierta recuperación de las poblaciones de estos félidos, ya que se están haciendo sentir de nuevo en regiones de donde habían desaparecido hace más de veinte o treinta años. La disminución de la cacería comercial (Hoogesteijn y Mondolfi, 1990; 1992; Swank y Teer, 1989) luego del tratado de CITES, firmado por Venezuela en 1973, ha provocado una ligera recuperación de las poblaciones de jaguar en algunas zonas de los estados Barinas, noroeste y centro de Apure y sur de Cojedes, Guárico y Portuguesa; donde actualmente y después de muchos años, se están volviendo a ver los jaguares. Sin embargo, ello pudiera deberse a migraciones desde otras zonas provocadas por las deforestaciones (Hoogesteijn y Mondolfi, 1992).

La mayor población de jaguares se encuentra en el bosque amazónico de Brasil y Venezuela. Por lo general ocupa bosques densos de tierras por debajo de los 1000 m.s.n.m. en áreas adyacentes a cuerpos de agua como ríos, caños, esteros y lagos; pudiendo llegar hasta los 1750 o 2000 m.s.n.m. Hoogesteijn *et al.* (1986) estimaron una densidad poblacional de un jaguar por cada 20 km² a partir de 15 jaguares que fueron cazados en el Llano, en un lapso de tres años y en un área de 300 a 350 km². Con esta densidad estimaron una población entre 2500 y 3600 jaguares para toda Venezuela. Aranda (1992) estudió la densidad poblacional de jaguares en la Reserva Calakmul de México, encontrando una densidad entre 26 y 32 km² por jaguar. Brooks (1992) señaló que en general las densidades de las poblaciones de jaguar son más altas donde la intervención humana es menor.

El jaguar posee un comportamiento similar a otros grandes félidos. Es un animal solitario, excepto los días de celo de la hembra y durante la crianza de los cachorros, los cuales nacen después de una gestación de 90 a 101 días en promedio (Grüber, 1972) y acompañan a la madre por cerca de dos años (Hoogesteijn y Mondolfi, 1992; Brooks, 1992; Schaller y Crawshaw, 1980). En comparación con el puma, el jaguar tiene menor densidad de población y mayores tamaños de territorio y de biomasa corporal (Schaller y Crawshaw, 1980).

El jaguar es un habitante relativamente escaso de los ecosistemas selváticos, aún sin la intervención del hombre

(Teer y Swank, 1986). Utiliza más intensamente las tierras bajas y húmedas, frecuentando los bordes de los cuerpos de agua (Hoogesteijn y Mondolfi, 1992; Rabinowitz, 1992; Crawshaw y Quigley, 1991), debido a que allí abundan sus presas más importantes. Tiende a ocupar territorios exclusivos, los cuales en las hembras son entre 25 y 38 km² y en los machos entre 50 y 76 km². El jaguar es un versátil cazador que consume regularmente babas, chigüires, galápagos, báquiros y peces (Schaller y Vasconcelos, 1978; Mondolfi y Hoogesteijn, 1986). Aranda (1992) encontró que el báquiro de collar (*Pecari tajacu*) es la especie de presa más importante para los jaguares en la península de Yucatán, México. La baba (*Caimán crocodilus*) representa el 30 % de los componentes de la dieta del jaguar en el Llano venezolano (Hoogesteijn y Mondolfi, 1992). Peetz, Norconk y Kinzey (1992) dieron a conocer detalles de la depredación de una población de araguatos (*Alouatta seniculus*) por jaguares, en una de las islas que se formaron con el embalse del Gurí en Venezuela. El jaguar es considerado un depredador oportunista, capaz de adaptar su dieta a las características de cada localidad (Emmons, 1987).

Rabinowitz y Nottingham (1986) señalaron que los jaguares caminan durante sus traslados a un promedio de

700 a 800 metros por hora, utilizando frecuentemente las carreteras, caminos, picas o senderos que existan en el bosque durante la búsqueda de presas. Observaron que un jaguar macho permanece en áreas relativamente pequeñas, alrededor de 2,5 km², durante más o menos una semana y luego se traslada a otro sector dentro de su área de acción que puede abarcar entre 28 y 40 km². Las hembras utilizan áreas de acción de unos 10 km², comúnmente incluida dentro del área de algún macho.

El jaguar puede convertirse en un significativo depredador de ganado doméstico y por ello ha sido severamente perseguido por el hombre a lo largo de su área de distribución (Eisenberg, 1989; Hoogesteijn y Mondolfi, 1992). En el Llano y otras regiones ganaderas de Venezuela, los jaguares subsisten en buena medida consumiendo ganado doméstico, sobre todo animales jóvenes, becerros y mautes entre uno y dos años (Hoogesteijn y Mondolfi, 1992). En contraste con el puma, el jaguar raramente se ha encontrado depredando venados (*Odocoileus virginianus*), aunque sí se alimenta con relativa frecuencia de venados matacán (*Mazama spp.*), los cuales tienen su hábitat en zonas boscosas (Seymour, 1989).

El jaguar posee un valor económico que puede ser importante si son bien manejados su valor escénico a través

del turismo y su valor como trofeo de caza mediante la cacería deportiva (Hoogesteijn y Mondolfi, 1992).

En cuanto al puma, en Norteamérica se han realizado varios estudios sobre el puma pero son realmente pocos los que se han hecho en Suramérica. Posee la más amplia área de distribución de todos los mamíferos terrestres del hemisferio occidental, cubriendo más de 100 grados de latitud (Iriarte *et al.*, 1990) entre los puntos extremos de su área de distribución. Posee un período de gestación de aproximadamente 93 días (Norteamérica) y nacen generalmente de una a cinco crías por parto. Cuando nacen tienen manchas oscuras en el cuerpo que desaparecen al llegar a la edad adulta (Tello, 1979). El puma es un activo depredador de presas de tamaño mediano a grande y en Norteamérica los venados (*Odocoileus spp.*) son un importante renglón en la dieta (Eisenberg, 1989). Los hábitos alimentarios de las diferentes subespecies de pumas varían con la latitud, las de zonas templadas se alimentan de presas más grandes y se especializan en un menor espectro de especies de presas que las de las zonas tropicales (Iriarte *et al.*, 1990).

Yáñez *et al.* (1986) realizaron un estudio sobre la alimentación de pumas silvestres en Chile, el cual abarcó el área de un parque nacional ubicado 142 km al norte de

Puerto Natales y las áreas adyacentes dedicadas a la ganadería ovina y en menor grado bovina y equina. Analizaron un total de 291 excretas recolectadas dentro del parque y 414 en las áreas de ganadería. En las heces del parque se identificaron 439 presas de las cuales 30 % fueron liebres (*Lepus capensis*), *6,2 %* fueron ovejas y 0,7 % fueron equinos. En el área dedicada a la ganadería se identificaron 243 presas de las cuales el 44 % fueron liebres, el 26,7 % ovejas, el 1,2 % bovinos y el 0,8 % equinos.

Mondolfi y Hoogesteijn (1992), Jackson (1992), Swank y Teer (1992), Crawshaw y Quigley (1992) y Crawshaw (1992) hicieron importantes recomendaciones sobre la necesidad de realizar investigaciones para poder definir cualquier estrategia de manejo para los jaguares y otros félidos. Así mismo, mencionan que es necesario conservar los hábitats y las poblaciones de presas, además de un control estricto de la cacería, para lograr la conservación de estas importantes especies.

Depredación de ganado por félidos

- **Incidencia**

Brock (1963) indicó que en áreas de sabanas, los jaguares se dedican a la matanza de ganado, volviéndose muy dañinos. En algunos casos un jaguar cebado puede matar dos o tres cabezas de ganado por semana, pudiendo llegar a abandonar totalmente el consumo de presas naturales. No es inusual que un jaguar de sólo 70 kg mate a un novillo de 450 kg. La fortaleza de estos animales es muy grande y pueden arrastrar una res muerta, tres o cuatro veces más pesada que el jaguar, varios centenares de metros, incluso dentro de la densa vegetación del bosque ribereño (Hoogesteijn y Mondolfi, 1992).

Brooks (1992) señaló que aparentemente los félidos no matan tanto ganado como los ganaderos suelen indicar. Aunque se le atribuyen muchas muertes de ganado ocurridas por otras causas, no cabe duda de que los félidos pueden transformarse en importantes factores de mortalidad en el ganado a través de la depredación. Hoogesteijn *et al.* (1992) señalaron, por ejemplo, que en el hato El Porvenir (Bruzual, Edo. Apure) los administradores estiman la pérdida debida a los jaguares y pumas en unos 200 becerros herrados (mayores de cuatro meses) anualmente; sin poderse estimar el número de becerros sin herrar que son víctimas de los félidos. Indicaron igualmente que en el hato Pinero (El Baúl, Edo. Cojedes), donde debido a la labor conservacionista de los propietarios existen buenas poblaciones de diversas especies de la fauna que son depredadas por los félidos, la pérdida de becerros por depredación ha sido estimada por los administradores en algunos años en el 10 % de la producción total de becerros.

Medina Padilla y Hernández (1992), durante el mes de Agosto de 1991, encuestaron un total de 117 fincas ganaderas (73 en el estado Zulia, 22 en Portuguesa, 14 en Cojedes, seis en Monagas y dos en Apure). En 54 % de esas fincas se había detectado la presencia del jaguar entre enero de 1990 y agosto de 1991. En 28 % de las fincas encuestadas los jaguares habían causado pérdidas de ganado, en 52 % de las fincas donde se sabía de la presencia de jaguares, éstos depredaron ganado durante el mismo lapso. En el hato Samanote (Edo. Cojedes), el cual consta de 3500 ha, fueron muertas por félidos 36 reses en 1989, 12 en 1990 y cinco en los primeros ocho meses de 1991. En ese trabajo se encuestaron 14 hatos en el estado Cojedes y en 13 de ellos (92,9 %) los pumas habían causado pérdidas de ganado recientemente. Los mismos autores citan 30 reses perdidas por causa de félidos en el hato Paraima (Edo. Cojedes) durante los primeros ocho meses de 1991.

La presencia de zamuros y oripopos volando en círculo o posados durante el día sobre los árboles, es muchas veces señal de que cerca están los restos de alguna presa de jaguar o puma (Hoogesteijn y Mondolfi, 1992). Las reses matadas por jaguar generalmente presentan evidencias de haber recibido una fuerte mordida en la región de la nuca o en la parte alta del cráneo. Son capaces de matar vacas fracturándoles el cráneo mediante la fuerza de la mordida (Schaller y Crawshaw, 1980). Quigley (1987) encontró que 77 % de las presas de jaguares fueron matadas con mordeduras en la nuca.

Es común que el jaguar coloque la res que ha matado en forma similar a como hacen los llaneros para el desposte, o sea, "mancornada", con las extremidades hacia arriba y la cabeza torcida hacia atrás para evitar que el animal se voltee. En relación a las partes que consumen los jaguares es muy variable, sin embargo, generalmente consumen la lengua y la ubre si se trata de una novilla o vaca (Hoogesteijn y Mondolfi, 1992).

Las reses matadas por puma son por lo general becerros menores de cuatro meses de edad y muy corrientemente se encuentran tapadas con hojarasca

que el depredador recoge en los alrededores (Hoogesteijn y Mondolfi, 1992).

- **Factores predisponentes**

   Schaller (1983) señaló que los grandes félidos utilizan el ganado doméstico como amortiguador cuando escasean las presas naturales debido a fluctuaciones poblacionales ocasionadas por la cacería, epidemias o cambios estacionales.

   Todos los félidos son depredadores y oportunistas para cazar sus presas, lo cual, inevitablemente, crea conflictos con los intereses humanos cuando atacan al ganado, siendo ésta la causa principal de su persecución universal (Jackson, 1993). Rabinowitz y Nottingham (1986) coinciden con esa afirmación, al señalar que una de las estrategias de los depredadores para aumentar la disponibilidad de presas y optimizar la relación beneficio/costo del consumo, es ser oportunista. Por ello, un jaguar no despreciará una presa grande como una Danta, Chigüire o Báquiro si están disponibles.

   De igual manera, si los animales domésticos se colocan al alcance de un jaguar o un puma, tarde o temprano éstos descubrirán que se trata de presas potenciales relativamente fáciles de cazar y esto será más probable en la medida en que las presas de animales silvestres se vayan haciendo más escasas (Rabinowitz y Nottingham, 1986).

Hoogesteijn y Mondolfi (1990) señalaron que en la mayoría de los hatos de ganadería extensiva el manejo de los rebaños es rudimentario, dándosele poca atención a los animales. El ganado queda expuestos a las inundaciones, sequías, epidemias, parásitos y desnutrición. Señalaron igualmente que esa falta de atención favorece el abigeato, del cual en muchos casos se inculpa al jaguar o puma.

Situación similar indicó González-Fernández A.J. (1992) al referir que cuando a un ganadero le participan la muerte de una res por cualquier causa y el ganadero se conforma una y otra vez sólo con la participación de sus obreros, sin hacer esfuerzos por inspeccionar los cadáveres; está abriendo la puerta al abigeato, amparado por la fácil culpabilidad de los jaguares o pumas.

Hoogesteijn y Mondolfi (1990) señalaron que muchos de los hatos donde se acusa a los félidos de ejecutar grandes carnicerías de ganado pertenecen a propietarios ausentistas que no controlan las actividades de su personal, quienes practican directa o indirectamente el abigeato, haciendo recaer la culpa en los félidos.

Rabinowitz (1986) estudió la depredación de ganado doméstico por los jaguares en Belice y encontró que 10 de 13 (77 %) jaguares cebados que fueron cazados tenían señales de haber recibido lesiones físicas en la cabeza o el cuerpo con anterioridad. Cinco de esos 10 habían perdido o tenían quebrado uno de los colmillos superiores. Cinco de los mismos 10 habían recibido tiros de escopeta y tenían perdigones en el cráneo y tres los tenían en el cuerpo. Sólo uno de los 13 jaguares problema era un macho viejo, con más de 11 años de edad.

Hoogesteijn y Mondolfi (1992) también señalaron una tendencia similar al examinar 19 cráneos de jaguares cazadores de ganado, diez de ellos (53 %) presentaban viejas heridas con restos de municiones incrustados en los huesos, ocasionando daños en la visión y/o en la dentadura. Adicionalmente tres cráneos correspondían a animales viejos con dentadura desgastada y colmillos quebrados o gastados. Ambos trabajos sugieren que los jaguares que han perdido capacidades, bien sea por su avanzada edad o por haber sobrevivido a disparos de armas de fuego, pueden presentar una mayor tendencia hacia la depredación de animales domésticos debido a que la cacería de éstos les exige menos esfuerzos en la búsqueda y, cuando se trata de reses jóvenes, resultan más fáciles de matar.

El Llano boscoso de Venezuela

Ayarzagüena y Velasco (1992) realizaron una subdivisión del Llano basándose en las características ecológicas e hidrológicas, separando las siguientes subregiones: Alto Apure, Apure Meridional, Bajo Apure, Hoya de Arismendi, Llano de Guárico y Llano Boscoso. Esta última subregión abarca una extensión aproximada de 3 114 384 ha y se corresponde con la porción del Llano bañada por multitud de afluentes del norte del río Apure, con la excepción de la cuenca baja del río La Portuguesa, la cual por su importancia, magnitud y características constituye una subregión aparte (Hoya de Arismendi).

Las aguas corrientes del Llano boscoso (ríos y caños de curso permanente o temporal) son ricas en nutrientes y tienen mayor velocidad que las del resto del Llano occidental, debido a la mayor pendiente del terreno por su cercanía al pie de monte. Los bosques constituyen la principal cobertura, aunque el desarrollo de cultivos ha transformado en gran medida el paisaje. A pesar de cierta heterogeneidad debida a las características intrínsecas de los diferentes ríos, esta región guarda la suficiente similitud en las características de los suelos, la vegetación y régimen hídrico como para ser considerada una unidad ecológica (Ayarzagüena y Velasco, 1992).

Políticamente, el Llano boscoso comprende la porción del estado Cojedes ubicada al sur de las Galeras del Pao y al norte del río Portuguesa, la porción del estado Portuguesa ubicada al norte del río Guanare Viejo y al sureste del pie de monte andino y aproximadamente la mitad occidental del estado Barinas, limitada al noroeste por el pie de monte andino (Figura 1).

El Llano boscoso se encuentra dentro de la clasificación bioclimática de zonas de vida como Bosque Seco Tropical, caracterizada por una precipitación promedio de 1400 mm anuales, temperatura media anual de 28 °C y una evaporación anual de 1800 mm. En el Llano se presentan dos épocas bien definidas, la temporada seca que va de diciembre a marzo y la temporada de lluvias que va de mayo a octubre. Los meses de abril y noviembre se consideran de transición entre ambas temporadas (Ewel *et al.*, 1976).

El Llano boscoso está conformado primordialmente por tierras planas entre los 40 y 100 m.s.n.m., con excepción del macizo rocoso de El Baúl, al sur del estado Cojedes, el cual presenta afloramientos graníticos, serranías, lomas y colinas, con una altitud máxima de 540 m.s.n.m., abarcando 130 000 ha aproximadamente (González-Fernández M.E., 1992). Dentro de la región del Llano, Hoogesteijn y Mondolfi (1992) consideran la región del macizo rocoso de El Baúl y sus zonas adyacentes, como un hábitat óptimo para los jaguares debido a la gran cantidad de madrigueras existentes en las formaciones rocosas, la abundancia de presas naturales y la existencia de bosques de galería y bosque semideciduo distribuidos irregularmente.

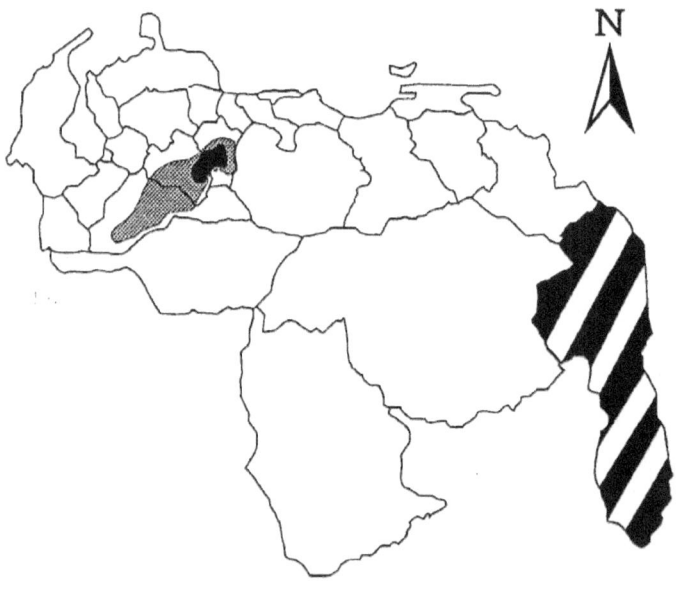

Figura 1. Distribución aproximada del Llano boscoso en Venezuela, resaltando la zona muestreada en este trabajo.

Aunque la vegetación natural del Llano boscoso en la actualidad está representada principalmente por sabanas arboladas, bosques deciduos, semideciduos y de galería, hay testimonios que indican que hasta el primer tercio del siglo XX, al menos en algunas partes de esa región, existían amplias sabanas abiertas similares a las presentes actualmente en el estado Apure.

Uno de los mejores testimonios es el de Carl Ferdinand Appun, científico alemán que visitó Venezuela a mediados del siglo pasado y publicó sus experiencias en Alemania, con asombrosos detalles en sus descripciones. En el capítulo referido al Llano de El Baúl, Appun (1871) describió el paisaje que observó durante el recorrido que hizo entre las poblaciones del Pao y El Baúl de la siguiente manera:

> "Igual a la superficie del mar, liso y tranquilo, se extendía ante mí la inmensa sabana, desde cuya llanura raramente se levantaba como una isla algún pequeño bosquecillo, la sabana se extendía cubierta en esta época de alta hierba seca, hasta desaparecer en la vaporosa tira azul-grisácea en que parecen unirse cielo y tierra".

Personas que conocen la región del Llano alto de Cojedes y Guárico desde hace más de 40 o 50 años atestiguan que ha ocurrido un cambio de sabanas abiertas a matorrales y bosques. Otro científico alemán que visitó la región del Llano en el siglo pasado (1876-77) fue el Dr. Carl Sachs, quien en su libro "De los Llanos" (Sachs, 1987) analizó el proceso de pérdidas de las sabanas que para el momento de su visita pudo apreciar en el occidente del estado Guárico, en comparación con las descripciones de Humboldt:

"Actualmente el número de árboles frondosos dista mucho de ser tan pequeño como parece haber sido en la época del viaje de Humboldt. Del espectáculo del horizonte libre y bien marcado, «el océano de hierba», como lo describió Humboldt, no pude gozar sino mucho después, en la cercanía del Apure. Pero, por lo demás, los llanos tienen actualmente árboles como para que por todas partes la mayor porción del horizonte aparezca ocupada por verdes malezas, que en realidad semejan simples islas en el océano con relación a la inmensa superficie de hierba".

"Para los mismos llaneros es cosa bien conocida que aquí está ocurriendo un cambio. Como causa de esta creciente forestación del Llano me fue indicada por muchas personas inteligentes, en común acuerdo, la gran disminución del número de reses que desde hacía unos treinta años ocurría. Durante las interminables luchas civiles que llenaron esa época, el ganado era considerado como propiedad pública, la cual era saqueada a porfía por ambos partidos contendores..."

"Mientras anteriormente, los jóvenes gérmenes en desarrollo de las plantas arborescentes eran comidos o pisoteados por las numerosas reses que pacían; ahora pueden desarrollarse sin obstáculos en las solitarias sabanas y el consiguiente aumento de la

forestación subsistirá probablemente hasta que
el número de reses en los llanos haya llegado a
ser semejante al que anteriormente había".

Es posible que esos cambios en la sabanas altas del
Llano estén ocurriendo prácticamente desde que fue
introducido el ganado bovino después de la colonización de
América y fue a mediados del siglo XIX cuando se hizo
evidente el proceso debido a la gran cantidad de ganado que
había durante el siglo XVIII y principios de siglo XIX. Una
posible explicación de este proceso es que la resistencia de
las sabanas a ser invadidas por los bosques disminuye en la
medida en que se incrementa la presión de pastoreo. En el
presente siglo, posiblemente se ha acelerado el proceso de
arborización de las sabanas debido a la tecnificación e
intensificación de la ganadería, lo cual ha sucedido más
marcadamente en los últimos 50 años. El ganado cada día
pastorea en áreas más reducidas y confinado a ellas
mediante el uso masivo de cercas para dividir las
propiedades y subdividir éstas en potreros. Mantenido así,
el ganado se ve obligado a consumir hasta las partes más
toscas de las plantas herbáceas y de esa manera elimina una
muy alta proporción de la materia vegetal que se produce
en las sabanas. Las quemas durante la temporada de sequía,
bien sean espontáneas o provocadas intencionalmente o por
descuido, encuentran poco material combustible

acumulado, debido a que fue consumido por el ganado. El fuego, bajo esas condiciones, no alcanza suficiente intensidad como para matar los pequeños arbustos que invadieron la sabana y año tras año lo que fueron pastizales se van transformando en matorrales y con el tiempo en bosques.

Según González-Fernández M.E. (1992), en la región están presentes actualmente cinco tipos de vegetación: Sabana Abierta, Chaparrales, Sabana Arbolada, Bosque Semideciduo y Bosque de Galería; con las siguientes características fisionómicas para cada uno de ellos:

- **Sabana Abierta**

Son el remanente de las antiguas sabanas abiertas de la región o producto de grandes deforestaciones recientes para la siembra de cultivos o el establecimiento de pastizales. Las gramíneas naturales de estas sabanas son principalmente del género **Trachypogon** y el gamelotillo (*Paspalum plicatulum*), sin embargo, la yaraguá (*Hypharrhenia rufa*) se ha naturalizado y se encuentra ampliamente distribuida en toda la región. Entre las especies de pastos cultivados, los de más amplia utilización en la región son los del género Brachiaria.

- **Chaparrales**

En este tipo de vegetación predominan las gramíneas del género **Trachypogon,** mientras que los árboles están representados por especies resistentes al fuego, de mediano porte, hojas coriáceas y troncos retorcidos, como son el chaparro (*Curatella americana*), el alcornoque (*Bowdichia virgilioides*), el carne asada (*Roupala complicata*). Los chaparrales se desarrollan generalmente en suelos pobres, ácidos y bien drenados.

- **Sabana Arbolada**

Tienen predominancia de vegetación herbácea, principalmente gramíneas, entre las cuales también se incluyen las especies naturalizadas y cultivadas mencionadas para las sabanas abiertas. A diferencia de aquellas, las sabanas arboladas poseen árboles dispersos de mayor porte que los de los chaparrales, entre los cuales se encuentran el cañafístolo (*Cassia moschata*), el aceite o copaiba (*Copaifera pubiflora*), el caracaro (*Enterolobium cyclocarpum*) y la palma corozo (*Acrocomia aculeata*). Muchas de las sabanas arboladas actuales en la región son áreas que fueron deforestadas para la ganadería, en las cuales se dejaron dispersos numerosos árboles de porte alto, característicos del bosque que anteriormente ocupaba el área, principalmente el samán (*Pithecelobium saman*); debido a que son una importante fuente de alimento para el ganado en la temporada de sequía.

- **Bosque Semideciduo**

   Los bosques semideciduos se caracterizan por estar sometidos a los cambios estacionales en el régimen hídrico y por ello muchas de las especies que le son características son caducifolias, sin embargo, también hay muchas especies que conservan el follaje durante la temporada de sequía. Se aprecian tres pisos o estratos arbóreos: el superior de 20 a 30 m de altura, el medio entre 10 y 18 m y el inferior con menos ocho metros. La mayoría de las especies tienen copas redondeadas. Durante la temporada de sequía el bosque es claro, desapareciendo prácticamente el estrato herbáceo del sotobosque, en la temporada de lluvias se vuelve exuberante y difícil de penetrar. Entre las especies arbóreas más comunes en este tipo de vegetación se encuentran el samán (*Pithecelobium saman*), el aceite o copaiba (*Copaifera pubiflora*), la mora (*Guarea trichilioides*), el drago (*Pterocarpus officinalis*), caracaro (*Enterolobium cyclocarpum*) y el guácimo (*Guazuma ulmifolia*). En el grupo de las palmeras se encuentran la palma llanera (*Copernicia tectorum*), el corozo (*Acrocomia aculeata*) y el píritu (*Bactris guineensis*).

- **Bosque de Galería**

    Los bosques de galería o ribereños bordean los ríos y caños de la región, teniendo a veces anchuras de varios kilómetros. Son asociaciones edáficas húmedas con una rica composición florística. Posee un único estrato con una altura que oscila entre los 10 y 12 m, con troncos fuertemente retorcidos y abundantes bejucos, lianas y epífitas. El guayabo de agua (*Calyptranthes sp.*), el anoncillo (*Duquetia riberensis*) y el coco de mono (*Lecythis sp,*) están entre las especies más representativas del bosque de galería.

MATERIALES Y MÉTODOS

Este trabajo se realizó en el Llano boscoso de Venezuela, específicamente en la zona occidental del estado Cojedes y oriental del estado Portuguesa. El trabajo de campo se llevó a cabo durante un año, entre agosto de 1992 y julio de 1993, recorriendo el área de estudio por las diferentes carreteras, caminos y vías de penetración, visitando fincas y hatos con el fin de aplicar una encuesta (Apéndice) diseñada para recabar información sobre las características de los sistemas de producción.

Se encuesto personalmente a los propietarios de las fincas o cuando esto no fue posible, a los administradores de las fincas si éstos tenían formación técnica. Se realizaron 27 salidas al campo con una duración promedio de tres días, generalmente los días jueves, viernes y sábado, buscando aumentar la probabilidad de encontrar a los propietarios en las fincas.

Se recorrieron las diferentes vías de comunicación dentro del área de estudio y se visitaron 52 fincas seleccionadas al azar, sin embargo, en muchas de ellas no se pudo recolectar la información necesaria para el estudio, debido a que no se logró contactar al propietario ni al administrador o éste no contaba con la formación técnica requerida.

En cada finca visitada se aplicó la encuesta y se dejó un aviso pegado en lugar visible y protegido, indicando una dirección y número telefónico donde avisar en caso de aparecer algún animal depredado, para acudir a inspeccionar a inspeccionar los restos, analizar los rastros, recolectar muestras, determinar si es posible la especie depredadora y fotografiar las evidencias de la depredación.

En sólo dos fincas donde se presentaron casos de depredación durante la realización del estudio se logró hacer un seguimiento detallado que permitió obtener mayor información sobre el problema. Cuando la información suministrada por la persona encuestada no se consideró suficientemente confiable a juicio del investigador, bien sea porque el encuestado tenía poco tiempo conociendo la finca, mostraba inseguridad en algunas respuestas o no respondía algunas preguntas; se hicieron recorridos internos con la finalidad de comprobar personalmente las características del sistema de producción y del hábitat que habían sido recopiladas con la encuesta. Se hicieron recorridos especialmente por las márgenes de los cuerpos de agua con el fin de observar las huellas de los animales y ajustar la apreciación suministrada sobre la abundancia relativa de algunas de las especies de la fauna silvestre.

Durante los recorridos se tomaron muestras de huellas (vaciado en yeso), huesos de presas y fotografías de rastros con el fin de afinar el diagnóstico y como fuente de información importante para este trabajo y para futuras investigaciones relacionadas.

Se utilizaron variables indicadoras de las características de la administración de la finca, del sistema de producción, del hábitat y de la depredación de ganado. Las variables incluidas en el estudio fueron las siguientes, indicando entre paréntesis las unidades de medida para las variables cuantitativas o el tipo de variable para las cualitativas:

Variables que caracterizan la administración

- Tradición del propietario en la finca (años).
- Distancia de la residencia del propietario a la finca (km).
- Frecuencia de visitas del propietario a la finca (Nominal).
- Presencia del propietario en la finca (días/año).
- Dependencia económica del propietario (Nominal).
- Nivel educacional del encargado o administrador (Ordinal).
- Nivel educacional del propietario (Ordinal).
- Existencia de abigeato en la región (Nominal).

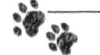

- Inspección de las reses muertas (Nominal).
- Intensidad de la cacería de subsistencia en la finca (Ordinal).
- Intensidad de la cacería ilegal clandestina en la finca (Ordinal).
- Intensidad de la cacería ilegal autorizada por propietario (Ordinal).
- Intensidad de la cacería deportiva en la finca (Ordinal).
- Intensidad de la cacería en general dentro de la finca (Ordinal).
- Solución que se le ha dado a los félidos cebados (Nominal).
- Forma más apropiada para prevenir el cebamiento (Nominal).
- Solución ideal para los casos de félidos cebados (Nominal).

Variables que caracterizan el sistema de producción

- Superficie Total de la finca (ha).
- Cantidad de potreros (Potreros).
- Superficie promedio por potrero (ha).
- Intensidad de Explotación (Ordinal).
- Producto Principal (Nominal).
- Escala de Explotación (Nominal).
- Tipo de Ganado (Nominal).
- Inventario de Bovinos (cabezas).
- Inventario de Equinos (cabezas).
- Densidad de Ganado (cabezas/km²).

- Carga Animal Total (U.A./km²).
- Vacunación contra Aftosa (Nominal).
- Vacunación contra Brucelosis (Nominal).
- Vacunación antirrábica (Nominal).
- Frecuencia de Desparasitación Interna (veces/año).
- Frecuencia de Desparasitación Externa (veces/año).
- Curación de ombligo a los recién nacidos (Nominal).
- Tatuaje con número individual (Nominal).
- Hierro al fuego con número individual (Nominal).
- Descorne (Nominal).
- Temporada de Monta Limitada (Nominal).
- Frecuencia del Inventario General del Ganado (veces/año).
- Destete Sistemático (Nominal).
- Suplementación mineral (Nominal).
- Acceso del ganado adulto al bosque (Nominal).
- Acceso de los becerros al bosque (Nominal).

Variables que caracterizan el hábitat

- Distancia a la vía asfaltada más cercana (km).
- Distancia a la población más cercana (km).
- Distribución de la vegetación (Nominal).
- Superficie dedicada a la agricultura (ha).
- Proporción de superficie dedicada a la agricultura (%).
- Superficie de pastos naturales (ha).
- Proporción de superficie con pastos naturales (%).

- Superficie de pastos introducidos (ha).
- Proporción de superficie con pastos introducidos (%).
- Superficie de bosque de galería (ha).
- Proporción de superficie con bosque de galería (%).
- Superficie de bosque deciduo (ha).
- Proporción de superficie con bosque deciduo (%).
- Superficie de sabana arbolada (ha).
- Proporción de superficie con sabana arbolada (%).
- Proporción total de bosques (%).
- Proporción total de bosques y sabana arbolada (%).
- Superficie sujeta a inundación (ha).
- Proporción de superficie sujeta a inundación (%).
- Cantidad de ríos que tiene la finca (km).
- Cantidad de caños permanentes (km).
- Cantidad de caños temporales (km).
- Cantidad de potreros sin bosque (Potreros).
- Proporción de potreros sin bosque (%).
- Patrón de distribución del bosque (Nominal).
- Evolución del bosque en la finca (Nominal).
- Abundancia relativa de venado (*Odocoileus virginianus*) (Ordinal).
- Abundancia relativa de chigüire (*Hydrochaeris hydrochaeris*) (Ordinal).
- Abundancia Relativa de báquiros (*Tayassu pecari* y *Pecari tajacu*) (Ordinal).
- Abundancia Relativa de picure (*Dasyprocta spp.*) (Ordinal).

- Abundancia Relativa de lapa (*Agouti paca*) (Ordinal).
- Abundancia Relativa de conejo de monte (*Silvilagus spp.*) (Ordinal).
- Abundancia Relativa de baba (*Caimán crocodilus*) (Ordinal)
- Abundancia Relativa de galápago (*Podocnemis vogli*) (Ordinal).
- Abundancia Relativa de zorro (*Cerdocyun thous*) (Ordinal).
- Abundancia Relativa de morrocoy (*Geochelone carbonaria*) (Ordinal).

Variables que caracterizan la depredación de ganado

- Cantidad total de reses depredadas (cabezas)
- Cantidad de becerros menores de 4 meses depredados (cabezas).
- Cantidad de becerros mayores de 4 meses depredados (cabezas).
- Cantidad de mautes entre 8 y 12 meses depredados (cabezas).
- Cantidad de mautes entre 12 y 18 meses depredados (cabezas).
- Cantidad de mautes centre 18 y 24 meses depredados (cabezas).
- Cantidad de novillos y novillas depredados (cabezas).
- Cantidad de vacas depredadas (cabezas).
- Cantidad de toros depredados (cabezas).
- Cantidad de equinos de trabajo depredados (cabezas).

- Cantidad de equinos de cría depredados (cabezas).
- Cantidad de potros menores de un año depredados (cabezas).
- Cantidad de potros de uno a dos años depredados (cabezas).
- Aparición de reses vivas con rasguños de félidos (Nominal).
- Cantidad de pumas cazados entre 1987-1991 (pumas).
- Cantidad de jaguares cazados entre 1987-1991 (jaguares).
- Vegetación donde depredaron ganado los jaguares (Nominal).
- Vegetación donde depredaron ganado los pumas (Nominal).
- Época cuando es más común la depredación de ganado (Nominal).
- Tipo de ganado que prefieren atacar los pumas (Nominal).
- Tipo de ganado que prefieren atacar los jaguares (Nominal).
- Evolución del problema de la depredación de ganado (Nominal).

A partir de la información recabada en la encuesta se calcularon y codificaron los valores de las variables y se elaboró una matriz de datos con todas las variables y todas las fincas. Mediante programas computarizados de hojas de cálculo (Lotus 1,2,3) y de análisis estadísticos (Statistix y

SAS) se calculó la incidencia de la depredación sobre el ganado (Primer Objetivo) en términos de porcentaje de fincas y de superficie afectadas por el problema, cantidad de animales depredados por finca y porcentaje de muertes por depredación en relación al total de animales que componen los rebaños; tanto para las fincas donde habían problemas de depredación como para el total.

Para identificar los posibles factores predisponentes de la depredación sobre el ganado (Segundo Objetivo) se estudiaron los sistemas de producción a través de la técnica del análisis grupal recomendada por Spósito (1986) y utilizada por Cardozo (1986) y por Mejías, Muñoz, González-Fernández y Cardozo (1988), adaptándola a los objetivos de este trabajo mediante el uso de tres criterios de agrupación, con los respectivos grupos de fincas generados por cada uno:

Según la existencia de problemas de depredación de ganado:

- Grupo **ConDep** = Fincas con depredación de ganado en 1989-1991.
- Grupo **SinDep** = Fincas sin depredación de ganado en 1989-1991.

Según la existencia de problemas de depredación por Jaguares:

- Grupo **ConDepJag** = Fincas con depredación por jaguares.
- Grupo **ConDepSolJag** = Fincas con depredación sólo por jaguares.
- Grupo **SinDepJag** = Fincas sin depredación por jaguares.

Según la existencia de problemas de depredación por Pumas:

- Grupo **ConDepPum** = Fincas con depredación de ganado por pumas.
- Grupo **ConDepSolPum** = Fincas con depredación únicamente por pumas.
- Grupo **SinDepPum** = Fincas sin depredación por pumas.

Para cada uno de los grupos anteriores se calcularon los promedios, desviaciones típicas y distribuciones de frecuencias de las respuestas. Se hicieron comparaciones para cada variable entre los grupos: ConDep vs. SinDep, ConDepJag vs. SinDepJag, ConDepPum vs. SinDepPum y en algunos casos también se compararon los grupos ConDepSolJag vs. ConDepSolPum a fin de detectar diferencias ecológicas entre ambas especies.

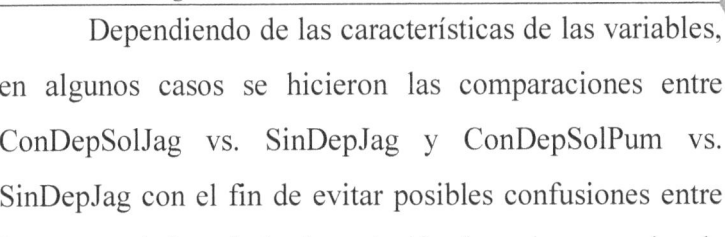

Dependiendo de las características de las variables, en algunos casos se hicieron las comparaciones entre ConDepSolJag vs. SinDepJag y ConDepSolPum vs. SinDepJag con el fin de evitar posibles confusiones entre las características de la depredación de ambas especies de félidos.

Cada variable fue comparada estadísticamente entre los diferentes grupos mediante análisis de varianza simple (ANDEVA) en el caso de variables cuantitativas o a través de análisis no paramétricos (Chi Cuadrado y Kruskal-Wallis) para las variables cualitativas. Las variables que presentaron diferencias significativas ($P<0,05$) entre los grupos comparados fueron seleccionadas como indicadoras de los posibles factores que predisponen a la depredación sobre el ganado o como indicadoras de diferencias ecológicas entre ambas especies de félidos.

Por último, con base en los resultados anteriores, se diseñaron algunas estrategias generales para el manejo de los hábitats, del ganado, de las poblaciones de la fauna silvestre en general y de los grandes félidos en especial, con el objeto de disminuir la probabilidad de depredación sobre el ganado y conservar las poblaciones de jaguar y puma (Objetivo General).

RESULTADOS Y DISCUSIÓN

Descripción de la muestra

De las 52 fincas ganaderas visitadas, en sólo 37 se logró aplicar la encuesta y recopilar la información requerida, las cuales representan un total muestreado de 243 325 ha, equivalentes a 7,81 % de la superficie del Llano boscoso estimada por Ayarzagüena y Velasco (1992).

En 27 fincas (73 %) hubo problemas de depredación de ganado entre los años 1989 y 1991, en siete de ellas los problemas fueron causados por jaguares, en 12 fincas los causaron pumas y en ocho fincas causaron problemas las dos especies. Según esto, la clasificación de las fincas según la especie de félido que depredó sobre el ganado generó los siguientes grupos:

- ConDep = Fincas con depredación de ganado (n = 27)
- SinDep = Fincas sin depredación de ganado (n =10)
- ConDepJag = Fincas con depredación de ganado por jaguares (n =15)
- ConDepSolJag = Fincas con depredación de ganado sólo por jaguares (n =7)

- SinDepJag = Fincas sin depredación de ganado por jaguares (n =22)
- ConDepPum = Fincas con depredación de ganado por pumas (n =20)
- ConDepSolPum = Fincas con depredación de ganado sólo por pumas (n =12)
- SinDepPum = Fincas sin depredación de ganado por pumas (n =17)

Incidencia de la depredación de ganado

Durante los años 1989 a 1991, ambos inclusive, en las 37 fincas se mantuvo un total aproximado de 92 043 cabezas de ganado bovino y 2450 equinos, de los cuales 709 bovinos (0,77 %) y 10 equinos (0,41 %) murieron por causas atribuidas a la depredación por jaguares o pumas. El cuadro 1 muestra los distintos indicadores de la incidencia de la depredación de ganado por los grandes félidos en las fincas incluidas en el presente trabajo.

Cuadro 1. Incidencia de las pérdidas de ganado bovino atribuidas a ataques de jaguares y pumas en el Llano boscoso de los estados Cojedes y Portuguesa, Venezuela (Período 1989-1991).

VARIABLE	INCIDENCIA
Fincas afectadas	
• Total (n = 27)	72,97 %
• Por Jaguar (n = 15)	40,54 %
• Por Pumas (n = 20)	54,05 %
• Por ambas especies (n = 8)	21,62 %
Superficie afectada	
• Total (211 274 ha)	86,83 %
• Por Jaguar (183 493 ha)	75,41 %
• Por Pumas (166 661 ha)	68,49 %
• Por ambas especies (138 880 ha)	57,08 %
Proporción de ganado depredado	
• En el total de los rebaños	0,38 %
• En los rebaños afectados	0,52 %
• En fincas afectadas solo por Jaguar	0,29 %
• En fincas afectadas solo por Puma	0,49 %
• En fincas afectadas por ambas esp.	0,77 %
• Valor máximo	2,40 %
Cantidad de ganado depredado por finca	
• Promedio en total de fincas	19 cab./año
• Promedio en fincas afectadas	27 cab./año
• En fincas afectadas solo por Jaguar	15 cab./año
• En fincas afectadas solo por Puma	20 cab./año
• En fincas afectadas por ambas esp.	47 cab./año
• Valor máximo	150 cab./año
Cantidad de ganado depredado	
• En el total de las fincas	719 cab./año
• En fincas afectadas solo por Jaguar	103 cab./año
• En fincas afectadas solo por Puma	241 cab./año
• En fincas afectadas por ambas especies	375 cab./año

La proporción de fincas donde se presentaron problemas de depredación de ganado puede considerarse bastante alta (73 %), superior a la encontrada por Medina Padilla y Hernández (1992), sin embargo, en muchas la incidencia fue muy baja; únicamente en cuatro de las 37 fincas estudiadas (11 %) la incidencia del problema fue mayor al 1 % anual del rebaño total y en 70 % de las fincas fue menor al 0,4 % del rebaño (Figura 2). Siendo los becerros las víctimas más comunes de los félidos, hay que tener presente que 1 % del rebaño, si recae totalmente sobre becerros puede representar de 2,5 a 5 % del total de becerros nacidos, según sea la eficiencia reproductiva del rebaño.

Los jaguares depredaron al ganado en una menor proporción de fincas que los pumas (41 vs. 54 %), lo cual coincide con los datos recabados por Medina Padilla y Hernández (1992). En lo referente a superficie, se encontró una mayor proporción afectada por jaguar (75 %) que por puma (68 %), debido a que las fincas más grandes estuvieron afectadas por jaguar.

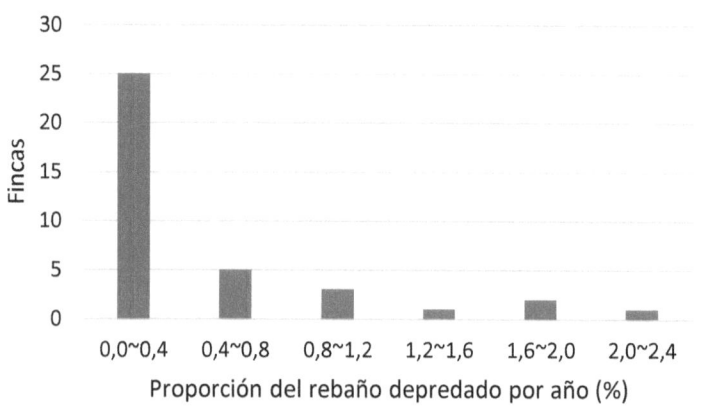

Figura 2. Distribución de frecuencias de la incidencia anual de la depredación en relación al porcentaje del rebaño total.

Se encontró que el promedio de animales depredados en las fincas afectadas sólo por pumas supera en 33 % el promedio de las fincas afectadas sólo por jaguar, lo cual coincide con lo observado por Medina Padilla y Hernández (1992), quienes encontraron que los pumas causan más daños a la ganadería que los jaguares. En las fincas afectadas por ambas especies, el promedio anual de animales depredados representa dos veces el de las fincas afectadas por puma únicamente y tres veces el promedio de las fincas afectadas por jaguar. Los pumas causaron anualmente más del doble de pérdidas de ganado que los jaguares (241 vs. 103 cabezas/año), sin tomar en cuenta las fincas donde ambas especies depredaron ganado por no haberse podido determinar cuántas cabezas correspondieron a cada una de ellas.

El valor máximo de la proporción de animales depredados (2,40 % del rebaño) se corresponde con una finca de 1080 ha y un rebaño de 500 reses, afectada por ataque de jaguares y pumas. El segundo valor más alto (1,93 %) se corresponde con una finca de 1900 ha con 1200 reses que está afectada únicamente por pumas. Esta finca presenta algunas características que favorecen esta situación como es la existencia dentro de sus linderos de múltiples formaciones rocosas que sirven de madrigueras para los félidos y el hecho de que siendo una finca de cría está rodeada de fincas de ceba, por lo cual los pumas que habitan allí se han concentrado a depredar sobre los becerros. Alrededor del 15 % de los becerros en estas dos fincas son víctimas de los félidos, siendo ésta la principal causa de mortalidad.

Factores predisponentes a la depredación de ganado

Se hicieron las comparaciones estadísticas entre los grupos ConDep vs. SinDep, ConDepJag y ConDepSolJag vs. SinDepJag, ConDepPum y ConDepSolPum vs. SinDepPum y ConDepSolJag vs. ConDepSolPum para todas las variables. A continuación se presentan y discuten los resultados de los análisis estadísticos para las variables que arrojaron diferencias significativas ($P<0,05$) y algunas que sin ser significativamente diferentes entre los grupos, son de relevancia para los objetivos del estudio.

- **Características de la administración**

Se encontró un promedio de 19 años de tradición de los propietarios en las fincas, con un intervalo de variación de 1 a 60 años. Los propietarios están presentes en sus fincas un promedio de 146 días al año, con un intervalo de variación de 1 a 350 días. En cuanto a la distancia de la finca a la residencia del propietario, se encontró un promedio de 170 km, con un intervalo de variación de 0 a 360 km. Para ninguna de estas tres variables se encontraron diferencias significativas (P>0,05) entre los grupos comparados.

El nivel de educación del encargado o administrador de las fincas resultó significativamente diferente (Kruskal-Wallis, P<0,05) entre los grupos ConDepPum y SinDepPum, con mayor nivel de educación en el grupo SinDepPum. Esta variable podría ser un buen indicador del grado de tecnificación del sistema de producción o de la atención que se le presta al ganado y, de ser así, estaría señalando una mayor probabilidad de los ataques de pumas al ganado cuando las fincas son menos tecnificadas o el ganado está menos atendido, lo cual coincide con lo señalado por Hoogesteijn *et al.* (1992).

La existencia de problemas de abigeato en la vecindad de cada finca se encontró distribuida de manera significativamente diferente (Chi Cuadrado, P<0,05) entre los grupos SinDepJag y ConDepJag. La explicación del porqué los jaguares atacaron más al ganado en las fincas ubicadas en zonas donde se conocían casos recientes de abigeato es que en muchos casos se le atribuyen a los jaguares pérdidas de animales cuyo verdadero causante es el abigeato, lo cual coincide con lo señalado por diversos autores (Hoogesteijn y Mondolfi, 1992; González-Fernández, A.J., 1992; Brooks, 1992).

La intensidad de la depredación (cabezas/año) resultó relacionada significativamente (ANDEVA, $P<0,05$) con la acción que realizan los propietarios o administradores de las fincas cuando los obreros les informan que una res apareció muerta por félidos. En las fincas donde las reses muertas no son inspeccionadas directamente por los propietarios o administradores hay más pérdidas atribuidas a los félidos. Ello podría indicar la presencia de abigeato, coincidiendo con la apreciación de González-Fernández A.J. (1992) en ese sentido. Sin embargo, la superficie de las fincas también resultó relacionada significativamente (ANDEVA, $P<0,05$) con la inspección o no de las reses muertas. El promedio de superficie de las fincas donde se inspeccionan las reses muertas fue 4015 ha mientras que para las fincas donde no se inspeccionan personalmente el promedio está cerca de las 20 000 ha y en una finca de esta superficie es realmente difícil que el propietario o administrador logre inspeccionar las reses que mueran en la sabana por cualquier causa.

La intensidad de la cacería en las fincas se consideró como una variable que caracteriza la administración debido a que en gran medida depende de la actitud del propietario hacia esta actividad. No se encontraron diferencias significativas-en la intensidad de los diferentes tipos de cacería (subsistencia, ilegal clandestina, ilegal autorizada por el propietario, deportiva y total) entre los diferentes grupos comparados. Tampoco se encontraron diferencias significativas en la abundancia relativa de las especies de la fauna según la intensidad de la cacería.

La cantidad de jaguares y pumas cazados en cada finca entre los años 1988 y 1992 también se consideró como una variable de la administración debido a que depende de la decisión del propietario o del administrador, encontrándose una relación significativa con la cantidad de pérdidas de ganado atribuidas a los félidos. En las fincas donde se han matado más jaguares hay significativamente más problemas de depredación por esta especie (ANDEVA, $P<0,05$). Lo mismo ocurre para el caso de los pumas. Ello parece evidenciar que sí existen factores que pueden predisponer a los grandes félidos a depredar sobre el ganado. En esas fincas, los félidos cebados son cazados y posteriormente aparece otro que también se ceba en la misma finca. Una posible explicación de esta tendencia sería la escasez de presas naturales de los félidos en esas fincas, sin embargo, el grado de detalle de este trabajo no permitió detectar con suficiente confiabilidad esas posibles diferencias.

También es muy probable que sean las características del manejo del ganado en esas fincas lo que facilita el proceso de cebamiento de jaguares y pumas, lo cual demostraría que a través del manejo de los rebaños sí se puede prevenir la depredación por los grandes félidos, tal como lo han señalado los diferentes autores que han trabajado sobre el problema.

Otra interpretación es el hecho de que los cachorros hijos de hembras cebadas a comer ganado, desde pequeños aprenden a matar ganado (Hoogesteijn y Mondolfi, 1992). Se matan los adultos y quedan los hijos que en la medida que van haciéndose más viejos se hacen más dañinos a la ganadería. También es posible que en la cacería de los jaguares y pumas, se haya disparado sobre algunos de estos depredadores, dejándolos heridos y minusválidos, lo cual puede favorecer la tendencia a que depreden sobre el ganado, tal como lo sugieren Hoogesteijn y Mondolfi (1992) y

Rabinowitz (1986). Estos autores analizaron algunos cráneos de jaguares que fueron cazados por estar cebados a matar ganado y encontraron una alta proporción de animales que habían recibido impactos de disparos de armas de fuego con anterioridad, con evidente deterioro en sus capacidades como depredador, concluyendo a partir de ese análisis que los animales viejos o con daños en la visión, dentadura o el cuerpo pueden presentar una mayor tendencia a cebarse a matar ganado, lo cual es lógico desde todo punto de vista. Sin embargo, conociendo que los jaguares y pumas cebados son los más fáciles de dispararles, debido a que pueden ser esperados sobre una presa recién matada o localizados fácilmente con perros que sigan el rastro desde la presa; también es muy probable que los jaguares de los cráneos analizados por Hoogesteijn y Mondolfi (1992) y por Rabinowitz (1986) habían recibido esos tiros previos justamente por estar matando ganado, probablemente en lugares distantes a aquel donde posteriormente recibieron los disparos que si terminaron con sus vidas como depredadores de ganado.

- **Características del hábitat**

Las 37 fincas muestreadas representan un total de 243 325 ha, de la cuales 23 281 ha (9,6 %) están bajo bosques de galería, 79 464 ha (32,7 %) están bajo bosques deciduos o semideciduos, 54 900 ha (22,6 %) están bajo sabanas arboladas, 88 815 ha (36,5 %) con pastos naturales, 50 895 ha (20,9 %) con pastos introducidos y 870 ha (0,4 %) están dedicadas a la agricultura. La suma de estos valores es superior al total porque la superficie de las sabanas arboladas se incluye también en la de pastos naturales o introducidos, según sea el tipo de vegetación herbácea. Esta distribución proporcional de las formaciones vegetales puede visualizarse en la figura 3.

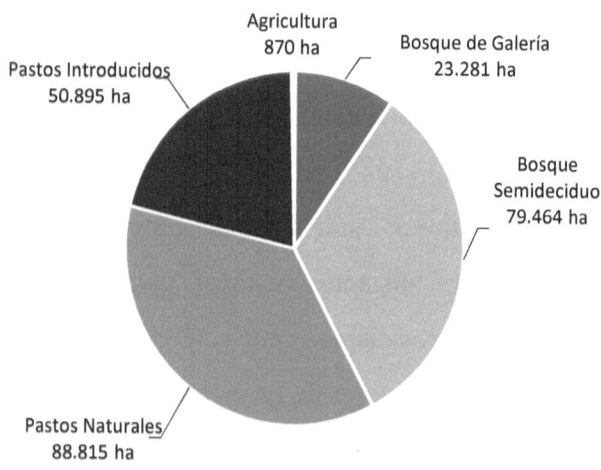

Figura 3. Proporción de los diferentes tipos de vegetación en el área muestreada.

Se encontraron diferencias altamente significativas (Kruskal-Wallis, P<0,01) para la ubicación política de las fincas entre los grupos ConDepPum y SinDepPum, estando las fincas del estado Cojedes más representadas en el grupo ConDepPum y las de Portuguesa en el grupo SinDepPum. Estos resultados se corresponden con lo señalado por Medina Padilla y Hernández (1992), quienes encontraron una alta proporción de fincas del estado Cojedes con problemas de depredación de ganado causados por pumas.

La superficie promedio para las 37 fincas fue de 6576 ha, con un intervalo de variación de 400 a 80 000 ha. Mientras más grande sea una finca, es de esperarse que la probabilidad de que se presenten ataques de cualquiera de los grandes félidos al ganado sea mayor, sobre todo cuando se sabe que generalmente la intensidad de explotación está inversamente relacionada con la superficie de la finca (Mejías *et al.,* 1988).

Se encontró una correlación simple positiva medianamente alta (r = 0,78) y altamente significativa (P<0,01) entre la superficie de las fincas estudiadas y la cantidad de bovinos y equinos depredados, lo cual parece ratificar la tendencia de que en la medida en que las fincas son más grandes, las pérdidas de ganado por ataques de félidos se hacen mayores. En la figura 4 se puede observar la relación espacial entre la cantidad de ganado depredado y la superficie de la finca.

En este trabajo los ataques de jaguares al ganado se encontraron relacionados significativamente con la superficie de las fincas, mientras que los ataques de pumas no se relacionaron con esta variable. La superficie de las fincas fue significativamente diferente (ANDEVA, P<0,05) entre los grupos ConDepJag (Promedio = 12 230 ha) y SinDepJag (Promedio = 2719 ha), mientras que no se encontraron diferencias significativas (ANDEVA, P>0,05) para la superficie de las fincas entre los grupos ConDepPum (Promedio = 8333 ha) y SinDepPum (Promedio = 4509 ha). Esto parece indicar que se hacen más probables los ataques de jaguar en la medida en que las fincas son más grandes, mientras que los ataques de pumas al ganado no se relacionan con el tamaño de la finca. En la figura 5 se pueden visualizar estas comparaciones.

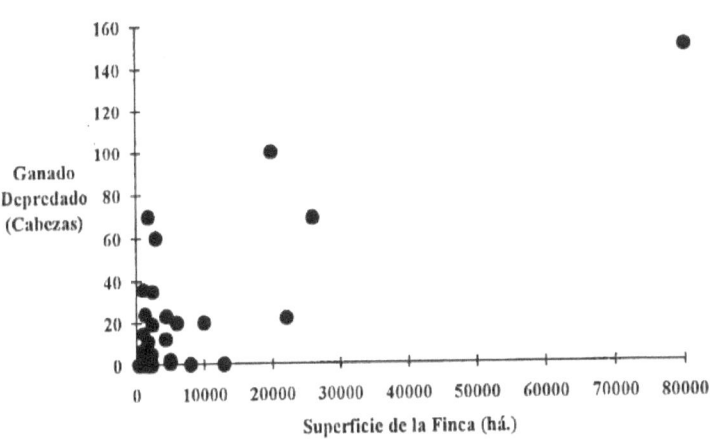

Figura 4. Diagrama de dispersión de la cantidad de ganado depredado vs. superficie de la finca.

Los ataques de jaguares al ganado se encontraron dependientes significativamente (Kruskal-Wallis, P<0,05) de la cantidad de bosques y del patrón de distribución del bosque en las fincas, estando mayormente relacionados con los bosques dispersos en toda la finca. Los ataques de puma no se relacionaron significativamente (Kruskal-Wallis, P>0,05) con el patrón de distribución del bosque, indicando que los pumas pueden atacar el ganado indistintamente del tipo de vegetación que predomine en la finca.

Se encontraron diferencias significativas (ANDEVA, P<0,05) en la proporción del área sujeta a inundación entre las fincas de los grupos

ConDepSolJag (29,6 %) y ConDepSolPum (8,4 %), lo cual puede deberse a las características propias de ambas especies de félidos, siendo el jaguar una especie que habita mayormente en áreas húmedas, mientras que el puma habita en zonas menos expuestas a la inundación. Relacionado con este resultado, se encontró que las fincas del grupo ConDepSolJag tienen un promedio de 15 km de caños temporales mientras que las del grupo SinDepJag tienen un promedio de 4,6 km lo cual es estadísticamente diferente (ANDEVA, P<0,05). Por otra parte, las fincas del grupo ConDepSolPum tienen en promedio 0,3 km de caños permanentes y las del grupo SinDepPum tienen 2,5 km (ANDEVA, P<0,05).

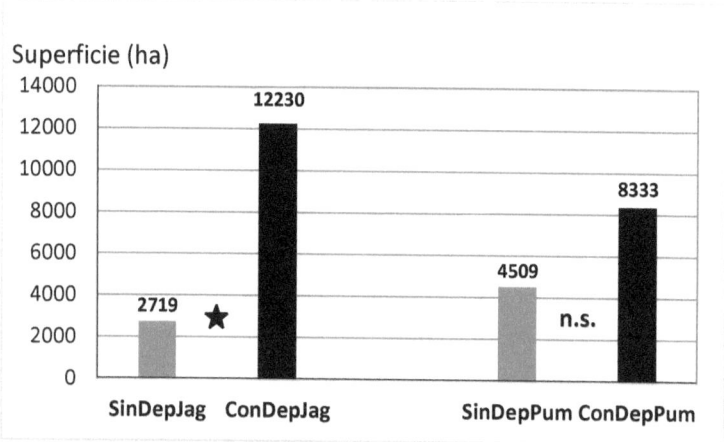

Figura 5. Superficie Promedio de las fincas según la existencia de problemas de depredación de ganado por jaguares y pumas.

Todo ello ratifica la tendencia de los pumas a vivir en zonas más altas y secas que los jaguares, lo cual puede representar una importante separación de nichos ecológicos entre ambas especies. Esto coincide con los señalado en diversas publicaciones (Hoogesteijn y Mondolfi, 1992; Rabinowitz, 1992; Crawshaw y Quigley, 1991) en relación al uso intensivo que hacen los jaguares de los márgenes de ríos y caños debido a la abundancia en esas zonas de sus presas más importantes: chigüire, baba, galápago y peces.

Como indicadores de la integridad del hábitat, del nivel de intervención y de la facilidad de acceso para cazadores furtivos (presión de cacería), se utilizó la distancia de la finca a la vía asfaltada y al poblado más cercano. La primera variable resultó significativamente diferente (ANDEVA, P<0,05) entre los grupos ConDepSolJag (Promedio = 23 km) y SinDepJag (Promedio = 11 km). Este resultado corrobora lo señalado por Brooks (1992) sobre la poca capacidad de los jaguares para adaptarse a la intrusión del hombre en su hábitat.

No se encontraron diferencias significativas (P>0,05) entre los grupos para la distancia finca-poblado.

No se encontraron diferencias significativas (Kruskal-Wallis, P>0,05) entre los grupos ConDepPum vs. SinDepPum para las abundancias relativas de ninguna de las diez especies de presas naturales evaluadas (Figura 6).

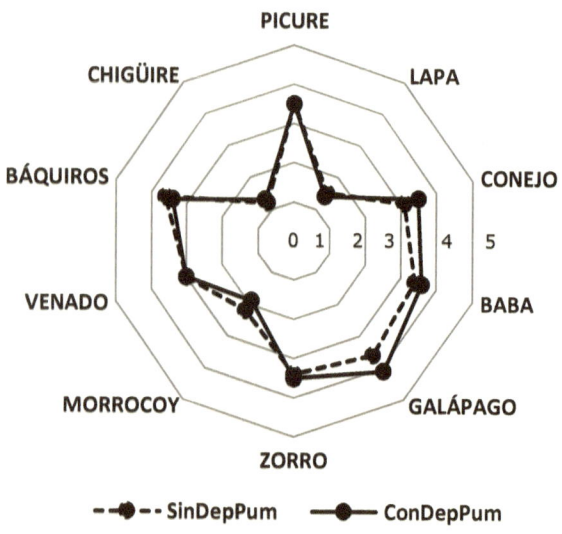

Figura 6. Promedios de las abundancias relativas de las especies de presas naturales (0 = Ausente, 1 = Rara, 2 = Escasa, 3 = Común, 4 = Frecuente y 5 = Abundante) según la depredación de ganado por pumas.

En la comparación entre ConDepJag vs. SinDepJag (Figura 7), los promedio de abundancia relativa de venado y báquiros resultaron significativamente mayores (Kruskal-Wallis, P<0,05) para las fincas del grupo ConDepJag, mientras que la de morrocoy resultó también mayor en ConDepJag pero de manera altamente significativa (Kruskal-Wallis, P<0,01).

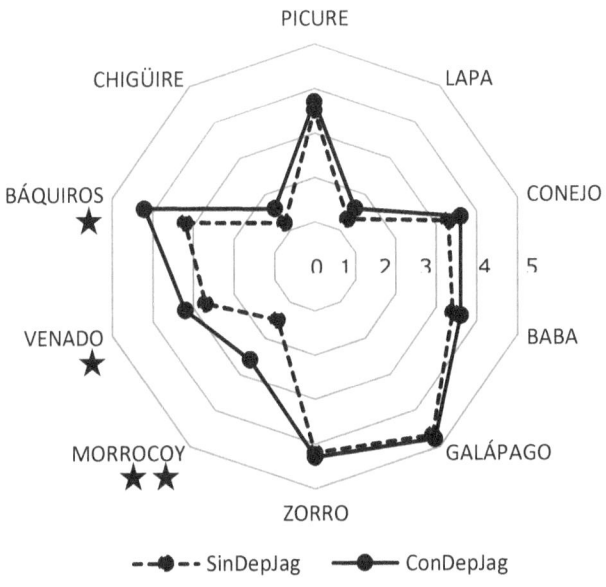

Figura 7. Promedios de las abundancias relativas de las especies de presas naturales (0 = Ausente, 1 = Rara, 2 = Escasa, 3 = Común, 4 = Frecuente y 5 = Abundante) según la depredación de ganado por jaguares.

La estimación de la abundancia relativa de las especies de presas naturales en este trabajo estuvo posiblemente afectada por un alto grado de subjetividad debido a los múltiples evaluadores (propietarios o administradores encuestados), sin embargo, en las figura 6 y 7 se observa que los promedios de las abundancias relativas en los grupos de fincas donde los félidos depredan ganado fueron más altos prácticamente para todas las especies de presas, aunque de manera no significativa para la mayoría.

Estos resultados pueden estar influenciados por el hecho de que en la muestra hay varias fincas muy grandes, en las cuales el hábitat está poco intervenido y por ello conservan mayor biodiversidad y mejores poblaciones de las presas naturales de los grandes félidos. Esas fincas tienen los sistemas ganaderos más extensivos de la muestra, en los cuales se presta menos atención a los becerros y la probabilidad de ocurrencia de casos de depredación, bajo esas condiciones, en más alta (Hoogesteijn *et al.*, 1992; Brooks, 1992; González-Fernández A.J., 1992); de hecho, las fincas más grandes tuvieron más problemas de depredación de ganado entre 1989 y 1991 que las fincas pequeñas.

- **Características del sistema de producción**

Las 37 fincas incluidas en este trabajo fueron clasificadas según varias características de los sistemas pecuarios: desde el punto de vista del objetivo de producción, 29 fincas (78,4 %) resultaron sistemas de producción de carne únicamente y 8 (21,6 %) fueron sistemas de doble propósito carne-leche. En cuanto a la intensidad de la explotación, tres fincas (8,1 %) fueron clasificadas como intensivas, 14 (37,8 %) semi-intensivas, 13 (35,1 %) semi-extensivas y 7 (18,9 %) extensivas. Según la escala de explotación, 1 finca (2,7 %) trabajaba con el sistema de cría vaca-becerro, 11 (29,7 %) con cría vaca-maute, 20 (54,1 %) con cría vaca-novillo, tres (8,1 %) fueron fincas de levante y dos (5,4 %) fueron de ceba. El tipo de ganado que tenían las fincas fue cebú puro en tres fincas (8,1 %), alto mestizaje de cebú en 27 fincas (73 %) y mediano mestizaje de cebú en 7 fincas (18,9 %).

La intensidad del sistema de explotación resultó significativamente diferente (Kruskal-Wallis, P<0,05) entre los grupos ConDepPum vs. SinDepPum, siendo más intensivas las fincas del grupo ConDepPum. Este resultado contrasta con lo señalado por múltiples autores (Hoogesteijn y Mondolfi, 1992; González-Fernández, A.J., 1992) en relación a que la tecnificación de la ganadería disminuye los problemas de depredación. Siendo el puma una especie que acepta mucho más la intervención del hombre en su hábitat, tal como lo señaló Brooks (1992), las pérdidas de ganado causadas por esta especie pueden ser más altas en los sistemas más intensivos, debido probablemente a que la densidad de ganado y la proporción de becerros que conforman los rebaños son más altas que en las fincas menos intensivas.

La escala de explotación resultó significativamente diferente (Chi Cuadrado, P<0,05) entre los grupos SinDep y ConDep, quedando las fincas de cría mayormente en el grupo ConDep y las de ceba en el grupo SinDep. Este resultado se debe a que en las fincas de ceba no hay bovinos jóvenes (becerros) que son los más frecuentemente atacados por los félidos.

La frecuencia de las desparasitaciones externas resultó significativamente diferente (ANDEVA, P<0,05) entre las fincas de los grupos ConDepSolJag vs. SinDepJag. Si se toma esta variable como un indicador del grado de atención que se le presta al ganado, este resultado corrobora lo señalado por diversos autores (Hoogesteijn y Mondolfi, 1992; González-Fernández, A.J., 1992) en relación a que las

pérdidas atribuidas a los félidos son mayores en las fincas donde se presta menor atención al ganado.

La cantidad y proporción de potreros sin bosques resultaron significativamente diferentes entre los grupos ConDepSolJag vs. ConDepSolPum (ANDEVA, P<0,05). En las fincas con problemas de depredación causados únicamente por jaguar hay en promedio 2,6 potreros sin bosque que representan el 13 % del total de potreros. En las fincas donde los problemas son causados únicamente por pumas, hay un promedio de 14,8 potreros sin bosque que representan 52 % del total de potreros. En lo que respecta a los jaguares, se ratifica la tendencia de que éstos atacan más al ganado donde hay más bosques. Sin embargo, nada se haría deforestando totalmente una finca porque los pumas, que como se ha determinado son más dañinos que los jaguares, depredan aún en fincas sin bosque. Una de las fincas muestreadas, con una superficie de 2285 ha, sin bosques de ningún tipo, tiene problemas con pumas todos los años.

- **Características de la depredación de ganado**

Del total de 92 043 cabezas de ganado bovino y 2450 cabezas de ganado equino que mantienen aproximadamente las 37 fincas estudiadas, se perdieron, entre 1989 y 1991, 709 bovinos (0,77 %) y 10 equinos (0,41 %) por causas atribuidas a los félidos.

Durante el período estudiado (1989-1991), en el área de estudio, se perdieron 175 reses por ataques de pumas y 61 por los jaguares, esto sin incluir las reses perdidas en las fincas donde depredaron las dos especies simultáneamente por no haberse podido determinar cuántas se debieron a cada una. Los pumas causaron tres veces más pérdidas de ganado que los jaguares, lo cual coincide con lo mencionado anteriormente en relación a que los pumas causan más daños a la ganadería que los jaguares.

Se encontraron diferencias altamente significativas (Chi Cuadrado, P<0,01) en la frecuencia de aparición de reses vivas rasguñadas por félidos entre los grupos SinDepPum vs. ConDepSolPum, SinDep vs. ConDep, SinDepPum vs. ConDepPum y ConDepSolJag vs. ConDepSolPum. No se encontraron diferencias significativas para esta variable entre los grupos SinDepJag vs. ConDepJag y SinDepJag vs. ConDepSolJag. En todos los casos fue más frecuente la aparición de reses vivas con evidencias de haber sido atacadas por un félido en las fincas donde hay problemas con pumas. Siendo los pumas menos corpulentos que los jaguares, es sin duda más probable que un becerro, maute o potro logre escapar de un ataque de puma que de un jaguar. Por lo tanto, la aparición de animales rasguñados por félidos podría ser la primera evidencia de que en una finca hay un puma atacando el ganado. Si el rebaño está convenientemente supervisado, los vaqueros deben darse cuenta de esos animales heridos y de esa manera podría actuarse a tiempo para prevenir otros ataques del puma.

Consecuencias de la depredación de ganado

Las consecuencias de la depredación de ganado por los grandes félidos pueden subdividirse en consecuencias económicas y consecuencias ecológicas. Entre las primeras se incluyen las pérdidas económicas ocasionadas a los ganaderos, las cuales varían considerablemente según el tamaño de la finca y del rebaño, así como del nivel de incidencia del problema.

Las pérdidas económicas de una finca deben analizarse desde dos puntos de vista diferentes, uno es el monto absoluto y otro es el valor relativo de esas pérdidas en relación al movimiento económico de la empresa. En el caso de la finca con el mayor porcentaje de animales depredados (2,36 % del rebaño), las pérdidas son importantes puesto que se trata de una explotación relativamente pequeña (500 reses) en la cual se pierde por depredación aproximadamente el 15 % de los becerros nacidos. En contraste, para la finca con la mayor cantidad de pérdidas de ganado por depredación (150 animales/año), las pérdidas económicas podrían considerarse de menor importancia relativa, puesto que se trata de un hato muy grande que no sólo obtiene ingresos de la ganadería directamente, sino que el turismo representa también una importante fuente de ingresos y la posibilidad de observar uno de estos félidos es sin duda uno de los atractivos turísticos de este hato.

Tomando en cuenta que el valor de un becerro lactante de 5 o 6 meses equivale aproximadamente a un salario mínimo rural (mensual), las pérdidas de becerros en esas fincas superan en gran medida el salario que recibe un obrero durante todo un año. En muchos casos, la contratación de un obrero adicional para dedicarlo exclusivamente a atender y cuidar los becerros, reduciría considerablemente las pérdidas de becerros por depredación y por otras causas, dejando ganancias económicas.

Entre las consecuencias ecológicas derivadas de la depredación de ganado, la más importante es la cacería de los grandes félidos, lo cual ha disminuido sus poblaciones considerablemente.

La mayoría de los investigadores coinciden en que el factor más importante en la declinación de las poblaciones de jaguares fue en el pasado la cacería comercial para el mercadeo internacional de las pieles. Hoy en día la principal amenaza es la pérdida de hábitat (Hoogesteijn y Mondolfi, 1992, Jackson, 1992; Swank y Teer, 1989). Bisbal (1987) señaló que según los permisos otorgados por el Ministerio de Agricultura y Cría (MAC) y el Ministerio del Ambiente y los Recursos Naturales Renovables (MARNR), entre 1963 y 1985 se deforestaron en Venezuela 1 693 000 ha, principalmente en los estados Barinas, Cojedes y Portuguesa.

Para el inicio de los años 80 había en Venezuela 318 700 km² de bosques (McNeely *et al.*, 1990). Durante la última década la tasa anual de deforestación en Venezuela fue de 0,7 % aproximadamente, lo que representa una pérdida de hábitat para el jaguar de 245 000 ha por año (WRI, 1990). La misma fuente indica tasas de 1,6 y 1,3 % para Centro y Sur América respectivamente, representando un total de 12 270 000 ha de bosque deforestadas anualmente en toda el área de distribución del jaguar. Además del efecto directo de la pérdida de hábitat, la deforestación predispone a los jaguares a la cacería de ganado debido a que disminuyen las presas naturales y aumentan la densidad de ganado y la presencia humana, incrementándose con ello la probabilidad de que los jaguares sean cazados.

En Venezuela, la cacería comercial en décadas pasadas y la pérdida de hábitat ha afectado a las poblaciones de jaguares principalmente en la parte Norte del país (Swank y Teer, 1989). Allí sólo quedan algunos pocos individuos que han logrado mantenerse en las áreas más inaccesibles como las altas montañas y bosques (Swank y Teer, 1989). Sin embargo, no ha sido sólo la cacería comercial la que afectó al jaguar, esta especie ha sido y sigue siendo cazada además por cazadores especializados que lo hacen por "deporte". Siendo la cacería de jaguar una actividad totalmente ilegal, aunque se trate de jaguares cebados, no puede considerarse ética ni legalmente un "cazador deportivo" quien realice esta cacería.

Romer *et al.* (1970) señalaron que en los años anteriores a 1970 los cazadores deportivos no cazaban más de 50 jaguares al año en Venezuela. Por su parte, Rafael Hoogesteijn, miembro del Grupo de Especialistas en Félidos de la Comisión de Supervivencia de Especies (CSE) de la Unión Internacional para la Conservación de la

Naturaleza (UICN); en entrevista concedida para el trabajo de Swank y Teer (1989), estimó que sólo en los estados Cojedes y Barinas, estados principalmente ganaderos, se cazan anualmente unos 80 jaguares.

Tomando esta cifra y suponiendo que en todo el resto de Venezuela se cazan anualmente otros 40 jaguares, se tendría un total estimado de 120 jaguares cazados cada año en todo el país. Si se relaciona esta cifra con el tamaño poblacional, tomando el máximo de 3600 jaguares estimado por Hoogesteijn *et al.* (1986), la tasa de cacería de jaguares actualmente sería de 3,3 % de la población cada año. Si se reduce la cantidad estimada de jaguares cazados en un año a sólo 50 en toda Venezuela tendrían que haber 5000 jaguares en todo el país para que la presión de cacería fuera similar a la presión de la destrucción de hábitat (1 %). Por lo tanto, si en Venezuela la tasa de destrucción del hábitat del jaguar está alrededor del 1 % anual (WRI, 1990) y la presión de caza en la actualidad, según los cálculos anteriores, está alrededor de 3 % anual, pareciera que la cacería aún sigue siendo el principal factor de disminución de las poblaciones de jaguar, aunque supuestamente se trate únicamente de jaguares cebados y aunque no se esté comercializando con su piel. Sin embargo, hay que tener en cuenta que la destrucción del hábitat de los jaguares (deforestación) afecta la especie de múltiples maneras y la expone más a los cazadores. Además, la pérdida de hábitat es en gran medida acumulativa, puesto que las áreas deforestadas difícilmente y a muy largo plazo pueden llegar a convertirse de nuevo en hábitat para los jaguares. En contraste, la cacería no es totalmente acumulativa porque la población de jaguares que quedan vivos aumenta a través de la reproducción y las tasas reproductivas de los félidos son relativamente altas en comparación con otras especies de su tamaño.

La disminución de las poblaciones de jaguares y pumas, así como también de otros depredadores importantes del Llano como son las otras especies de félidos, el Caimán del Orinoco (*Crocodylus intermedius*) y muchas aves rapaces, disminuye la presión de la selección natural sobre las especies de presas y ello permite que los individuos menos aptos tengan mayor probabilidad de sobrevivir y reproducirse, pudiendo provocar a largo plazo que estas especies pierdan aptitud progresivamente (Terborgh, 1988).

Otra consecuencia ecológica de la disminución de las poblaciones de depredadores, posiblemente con efecto a más corto plazo, es el crecimiento de las poblaciones de presas, algunas de las cuales pueden resultar dañinas al ecosistema o a la actividad del hombre (plagas agrícolas).

Eichler (1966) cita la experiencia ocurrida en África con la drástica disminución de las poblaciones de leopardo (*Panthera pardus*) por la excesiva cacería para controlar la depredación sobre los animales domésticos. Las poblaciones de facóqueros (especie de cerdo salvaje) y de monos babuinos crecieron hasta convertirse en verdaderas plagas, ocasionando mayores pérdidas que las causadas por los leopardos.

Observaciones resaltantes

Durante las visitas efectuadas a las fincas, en varias oportunidades el personal de las mismas indicó la presencia de algún "tigre" para el momento de la visita debido a la observación reciente de huellas. Cuando se logró observar las huellas resultaron de puma y los obreros las confundían con huellas de jaguar. Así mismo, en una finca que luego de la visita inicial avisaron al autor de este trabajo que había aparecido un maute matado por tigre, se acudió a inspeccionar los restos y eran de un becerro de aproximadamente 4 o 5 meses, matado sin duda alguna, a juzgar por las huellas y rastros, por un puma. Todo esto hace pensar que muchas de las reses que aparecen muertas por depredación son atribuidas a los jaguares aunque se trate de ataques de pumas.

Se detectó que pocas personas saben reconocer si una res fue matada por un jaguar o por un puma, sobre todo entre las nuevas generaciones de llaneros, los menores de 35 o 40 años. Sólo las personas mayores parecen haber prestado atención al problema y demuestran conocimiento de detalles al respecto. Esto puede deberse a que antes el problema era más común, lo cual permitía que los llaneros llegaran a conocer mejor el comportamiento de estos depredadores. Sin embargo, en 29 % de las fincas incluidas en el estudio, los encuestados opinaron que el problema de la depredación de ganado es ahora más grave que cuando ellos comenzaron en la finca y 8 % respondió que el problema siempre ha sido más o menos igual.

Del total de fincas incluidas en el estudio, en 18,9 % (n = 7) los encuestados señalaron que actualmente había más bosques que cuando ellos se iniciaron en la finca y lo atribuyen a la "reforestación natural" de las sabanas.

Las dos terceras partes de los encuestados señalaron que ahora hay menos área cubierta por bosques en la finca debido a las deforestaciones.

En la encuesta se preguntó cuántos jaguares y cuántos pumas habían sido cazados en la finca durante los últimos cinco años (1987-1991). Es muy probable que se hayan subestimado esos valores debido a que posiblemente algunos de los encuestados, sabiendo que se trata de una cacería ilegal, hayan tenido temor de informar la matanza de estos animales o informaron cantidades inferiores a las reales; además de que, por otra parte, es poco probable que algún encuestado haya informado una mayor cantidad de félidos cazados que la realidad. A pesar de esa tendencia evidente de la encuesta a subestimar la cantidad de félidos cazados, se encontró que en el total de las fincas encuestadas fueron cazados entre 1987 y 1991 un total de 21 pumas y 22 jaguares. Son cifras bastante altas que refuerzan la opinión de que la cacería de estos animales aún sigue siendo un importante factor que afecta sus poblaciones.

Las 37 fincas representan cerca de 2500 km² en los cuales hay 1028 km² de hábitat potencial para el jaguar (bosques de galería y bosques semideciduos) que podrían sustentar teóricamente una población aproximada de 51 jaguares adultos, según la densidad de un jaguar por cada 20 km² estimada por Hoogesteijn *et al.* (1986) en la región. Siendo ésta una densidad alta en comparación con otras regiones, la cacería de 22 jaguares en cinco años (4,4 jaguares/año) representa una tasa de extracción de al menos 9 % anual de la posible población máxima de jaguares que podría sustentar el área.

Estrategias para prevenir la depredación de ganado

- **Manejo del ganado**

    Los becerros son las principales víctimas de los jaguares y pumas en lo que a ganado se refiere, por lo tanto, la mejor forma de disminuir la depredación sobre el ganado es a través del manejo del ganado joven, el cual debe mantenerse en los potreros más cercanos a las instalaciones de la finca, o sea, donde estén mejor atendidos y más vigilados. Los becerros que no están bajo supervisión diaria son más propensos a perderse, no sólo por ataques de los depredadores sino por enfermedades infecto-contagiosas, parasitosis, falta de amamantamiento y hasta por abigeato. Los hatos con problemas de depredación deben contratar un obrero para el cuidado de los becerros, los animales salvados pagarían con excedentes el salario anual del obrero.

    Una de las medidas más eficaces para disminuir la depredación sobre el ganado es cambiar los animales de potrero cuando se presenta algún caso de depredación. Esta medida fue señalada por 29 % de los ganaderos entrevistados que habían tenido problemas de depredación y en varias oportunidades lograron solucionar el problema de esa manera. Un jaguar o un puma ocupa temporalmente áreas relativamente reducidas en donde busca sus presas (Schaller y Crawshaw, 1980). Si está cebado con el ganado, al quitarle de su alcance estas presas se verá obligado a cazar sus presas naturales o a movilizarse si no las hay suficientes. En la movilización puede localizar algún grupo de presas naturales que le proporcione sustento por un tiempo o puede irse de la finca. También es probable que localice nuevamente al ganado y mate alguno que otro animal, lo cual obligaría a cambiar nuevamente el ganado de potrero hasta que el félido que esté ocasionando problemas se desplace fuera de la finca. Los cambios del ganado de potrero son muy útiles en los animales pequeños (becerros y mautes jóvenes), cuando se hacen a potreros distantes de los que ocupaban cuando atacó el jaguar o puma. Aunque esta medida no soluciona el problema sino que lo reparte entre diferentes propietarios, ello permite aminorar el impacto de la depredación de ganado en la finca.

- **Manejo de la fauna silvestre**

La conservación de adecuadas poblaciones de fauna silvestre favorece la dinámica natural de las cadenas tróficas y disminuye la probabilidad de que los depredadores se "fijen" en presas no naturales. En la medida en que un jaguar o un puma que esté con hambre y buscando una presa, encuentre primero un becerro que una de sus presas naturales, se estará aumentando la probabilidad de que ese félido ataque el ganado. Por ello, es vital la conservación de los hábitats y de las poblaciones de presas para disminuir la probabilidad de que los grandes félidos se ceben a matar ganado.

Un problema diferente a la prevención es el control de los animales que ya están cebados. La solución que más indicaron los ganaderos que habían aplicado a los casos de los jaguares o pumas cebados fue la cacería del depredador, seguida de los cambios de potrero del ganado. La cantidad de pumas y jaguares cazados en las fincas estudiadas, 21 y 22 respectivamente, evidencia que la solución más común para controlar un félido cebado a matar ganado es darle muerte. En la región de estudio actúan principalmente dos cazadores profesionales o especializados en la matanza de jaguares y pumas, utilizando jaurías de perros sabuesos entrenados, muchos de ellos importados, y poderosas armas de fuego. Estos cazadores son llamados por los ganaderos cuando tienen en la finca algún puma o jaguar matando ganado.

La única solución que ha probado ser 100 % eficaz para estos casos es la muerte del depredador, la cual por ser relativamente fácil y económica, ha sido la que tradicionalmente han aplicado los ganaderos. Sin embargo, tratándose de una cacería ilegal, no debería ser considerada como una alternativa para solucionar el problema, al menos en la forma como se realiza actualmente, sin ningún control ni beneficio para la especie.

La alternativa de capturar vivo al félido cebado y liberarlo en otra región ha sido ensayada sin éxito en otros países con el jaguar, el puma y otros grandes félidos. Los animales caminan largas distancias hasta que llegan a una zona ganadera y comienzan de nuevo con la cacería de ganado. En Venezuela en 1992 mediante un programa experimental del Servicio Autónomo de Fauna PROFAUNA del Ministerio del Ambiente y de los Recursos Naturales Renovables MARNR (Cova, 1993), se capturaron dos jaguares en un hato del estado Cojedes, una hembra adulta y un macho juvenil, los cuales fueron tranquilizados, transportados en avión hasta la localidad de Entre Ríos (estado Bolívar) y liberados allí después de colocarles collares radiotransmisores. El seguimiento que se hizo durante varios meses indica que el experimento resultó exitoso (Omar Hernández, com. pers.). Sin embargo, los altos costos de este tipo de medidas y la necesidad de personal altamente especializado, dificultaría la implementación de un servicio de captura y translocación de félidos cebados que realmente tenga impacto beneficioso en las poblaciones de los depredadores.

Otra alternativa útil para la conservación de estas especies de félidos sería la transformación de los individuos cebados en generadores de ganancias en vez de pérdidas, lo cual es especialmente válido en el caso de los jaguares. Como lo señalaron Hoogesteijn y Mondolfi (1992), el jaguar posee un alto valor económico representado por su valor escénico y su valor como trofeo de caza mayor. El jaguar es una de las especies del neotrópico más llamativas para los turistas y el público en general, provocando en las personas sentimientos simultáneos de temor y admiración.

El valor escénico de los jaguares podría ser aprovechado a través del turismo y la denominada "cacería de imágenes" o "cacería fotográfica". Hoy en día, con el desarrollo de las cámaras portátiles de video, las cuales se han convertido en parte del equipo personal de todo viajero, la posibilidad de fotografiar o filmar un jaguar en su ambiente natural puede ser atractiva para cualquier turista.

Fotografiar un jaguar en la naturaleza no es fácil, sin embargo, existe la experiencia en Belice, en la Reserva de Jaguares de Cockscomb, a la cual llegan anualmente más de 2000 turistas, muchos con la esperanza de fotografiar uno de ellos (Rabinowitz, 1992). Si no lo logran en un viaje, regresan una y otra vez hasta que consiguen un jaguar y lo fotografían. Las expediciones no fracasan si no logran observar y fotografiar el jaguar, en la mayoría de los casos los turistas se sienten satisfechos con observación y fotografías de huellas y rastros, lo cual sirve de estímulo para que regresen a buscar el jaguar en otra oportunidad. Incluso quienes logran fotografiarlo, regresan de nuevo al año siguiente. Es una alternativa que valdría la pena ensayar en Venezuela.

Un jaguar puede ser matado de un tiro certero con un poderoso rifle sin que para ello importe mucho la distancia a la cual se encuentra del cazador o la posición e iluminación en que se encuentre el animal en el momento del disparo. En cambio, para obtener una buena fotografía o película de un jaguar deben converger varios factores: distancia y ángulo de la ubicación del camarógrafo, posición del jaguar, ángulo e intensidad de la iluminación. Por ello, es mucho más difícil y meritorio ser el autor de una buena fotografía, película o video de un jaguar silvestre, que ser el culpable directo de la muerte de alguno de estos félidos. Si de valentía u hombría se trata, también es más meritorio fotografiar el jaguar y dejarlo vivo.

Por otra parte, el valor como trofeo de caza no debería ser considerado una alternativa por tratarse de especies amenazadas de extinción en la mayor parte de su área de distribución. No obstante, debido a que siempre será difícil controlar la cacería de los félidos en las tierras privadas, además de que los félidos que ya estén cebados a matar ganado son difíciles de controlar por otra vía; se ha planteado la posibilidad de utilizar los cazadores deportivos, principalmente del exterior, para controlar los félidos cebados. Algunas organizaciones internacionales de cazadores deportivos han ofrecido pagar hasta U$10 000 por cada jaguar que ellos puedan cazar legalmente en Venezuela. Teóricamente, los fondos recaudados por esa vía se distribuirían entre los dueños de las fincas y

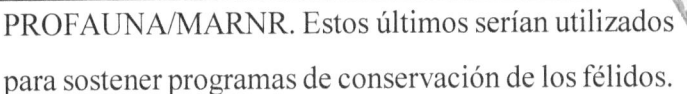

PROFAUNA/MARNR. Estos últimos serían utilizados para sostener programas de conservación de los félidos.

Este sistema podría parecer muy conveniente, sin embargo, aún no ha recibido el visto bueno de la comunidad científica y conservacionista de Venezuela, al menos mientras no se realicen las investigaciones de campo que lo avalen (Barrera y De Lucca, 1992). De llevarse a la práctica este sistema, no todo sería tan fácil y ni todos los involucrados en el programa actuarían correctamente, sobre todo existiendo tanto dinero de por medio. González-Fernández A.J. (1992) hizo algunas recomendaciones para el supuesto caso de que se quisiera poner en práctica este sistema de control de los jaguares cebados. Una de ellas se refiere al establecimiento de una normativa estricta para corroborar en el campo la existencia de un animal cebado a matar ganado, con el fin de evitar que cualquier depredador que sea detectado en una finca pueda ser acusado de matar ganado para cobrarle los dólares a los cazadores extranjeros.

La cacería de los jaguares cebados puede ser una alternativa válida, pero antes de ponerla en práctica con todos los controles posibles, se deben establecer programas de extensión, asistencia técnica y educación ambiental dirigidos a los ganaderos y campesinos para que a través del manejo del ganado, de la fauna silvestre y de los hábitat, se disminuyan las probabilidades de que los félidos se ceben. Así mismo, se debe establecer también previamente el servicio de captura y translocación de los félidos cebados y se debe promover el turismo de aventura y la cacería de imágenes para aprovechar el valor escénico de estos depredadores.

- **Manejo de hábitats**

    Muchas personas consideran que cuando se deforesta totalmente una finca los problemas de pérdidas de ganado por ataques de félidos desaparecen. En este trabajo, 13,2 % de los encuestados opinaron que la forma más apropiada para prevenir los ataques de félidos al ganado era la deforestación total de la finca.

    Ello no es cierto, si bien los ataques de jaguares en fincas sin bosque son poco probables, los pumas pueden depredar sobre el ganado aún en fincas totalmente deforestadas. Siendo los pumas más abundantes que los jaguares y siendo además más dañinos a la ganadería cuando se ceban a matar becerros, la deforestación por sí misma no previene ni soluciona los problemas de la depredación de ganado. La deforestación total de una finca es la destrucción total del hábitat de prácticamente toda la fauna.

Durante el Simposio "Felinos de Venezuela: Biología y Conservación" se discutió (com. pers.) la posibilidad de que los ganaderos cerquen las zonas boscosas de la finca y no permitan que el ganado entre al bosque, como estrategia para disminuir los ataques de los félidos al ganado. Esta medida, además de ser poco viable desde el punto de vista práctico en la mayoría de las fincas del Llano al norte del río Apure debido a la distribución irregular de los bosques, y especialmente desde el punto de vista económico, debido a los altos costos de las cercas en la actualidad; es además inconveniente debido a que contribuiría a consolidar la opinión de que los bosques son obstáculos para el desarrollo rural. Además, durante las temporadas de sequía en el Llano, en muchas fincas el ganado sobrevive alimentándose de plantas que crecen en las zonas boscosas, tales como los frutos de árboles (samán, caracaro, cañafístolo, guácimo y otros) y del follaje de muchas plantas de porte bajo del sotobosque.

Se debe fomentar la visión del bosque como un aliado en la producción agropecuaria, a través del manejo racional de los recursos animales y vegetales que lo conforman, de manera que al generar ganancias económicas al propietario de la tierra se esté asegurando la conservación de los bosques. El ganado debe pastorear los bosques, a pesar del riesgo de posibles ataques de algún félido que ello representa. Una alternativa en las fincas donde están presente los jaguares, es pastorear las zonas boscosas únicamente con los rebaños de ganado adulto, tales como las vacas que no estén en lactación, los toros reproductores y los toros de ceba. Manejando el ganado adecuadamente, se pueden aprovechar los recursos forrajeros que ofrecen los bosques y al mismo tiempo disminuir las pérdidas de ganado causadas por los grandes félidos.

Posiblemente la mejor medida de manejo de hábitat dirigida a disminuir la depredación de jaguares y pumas sobre el ganado es la conservación de la mayor diversidad biológica posible dentro de la finca, especialmente en el espectro de las especies de presas de los grandes félidos. Una tercera parte de los encuestados opinó que la forma más apropiada para prevenir los ataques de félidos al ganado es la conservación del hábitat y de las poblaciones de presas naturales. Para conservar la diversidad faunística se debe conservar la diversidad florística y de hábitat, por lo tanto, una finca que mantenga sabanas, bosques deciduos y de galería, caños y lagunas tendrá posiblemente una alta diversidad de especies de la fauna, con lo cual se asegura mayormente la satisfacción de los requerimientos alimentarios de los depredadores.

Los sistemas de producción tradicionales, tanto agrícolas como pecuarios, han ignorado y destruido las riquezas de los ecosistemas tropicales (González-Fernández, 1993a) para implantar modelos productivos concebidos originalmente para otras latitudes. Los ecosistemas tropicales se caracterizan por su alta diversidad biológica y alta complejidad, en contraste con los sistemas de monoproducción que han caracterizado los esfuerzos del hombre civilizado en los 500 años transcurridos desde la colonización por los europeos. En los sistemas de monocultivo no tienen cabida la mayoría de las especies autóctonas, unas porque ya no cuentan con el hábitat apto para ellas y otras porque pasan a ser consideradas dañinas o plagas, como es el caso de los jaguares y pumas para la ganadería.

Los sistemas de producción agropecuarios deben diversificarse e integrarse como una estrategia para tratar de imitar los ecosistemas tropicales y de esa manera dirigirse hacia la sostenibilidad ecológica y económica (González-Fernández *et al.*, 1994). Ello se puede lograr mediante el uso racional y la conservación de todos los recursos naturales que conformen el ecosistema dentro del cual esté ubicado el sistema de producción. En la medida en que se desarrollen las tecnologías adecuadas para el manejo conservacionista de los recursos naturales autóctonos, se estará en el camino de garantizar la conservación de los ecosistemas y la atención de las demandas humanas.

Mientras el bosque dentro de una finca o hato sea un estorbo que se mantiene en pie sólo porque las leyes no permiten la libre deforestación o por el alto costo de esta, su conservación estará amenazada. Es necesario que el bosque en pie genere ganancias económicas al propietario y ello se puede lograr aprovechando la infinidad de recursos que ofrece y que hasta ahora no se les ha prestado la atención que merecen. Maderas y otros productos para la construcción y la artesanía, fibras textiles, esencias aromáticas, principios medicinales y resinas, además de múltiples follajes, frutos y raíces útiles para la alimentación humana y animal, son algunos de los productos de origen vegetal que podrían obtenerse de un bosque tropical para generar beneficios económicos a corto plazo. En el bosque también son muchos los productos de origen animal que podrían extraerse racionalmente, sin amenazar la producción en el futuro, tales como carne, pieles, huevos o individuos vivos.

Un sistema de producción agropecuario diversificado, integrado y sostenible es aquel donde en armonía con los principios de la conservación ambiental, se producen múltiples rubros animales y vegetales, tanto de especies domésticas o cultivadas como silvestres, fomentando los flujos de energía y el reciclaje de nutrientes entre los diferentes subsistemas, en búsqueda de que la productividad biológica total pueda ser mantenida indefinidamente en el tiempo, sin que se incremente la dependencia de insumos foráneos, generando beneficios económicos, sociales y ambientales (González-Fernández, 1993b).

CONCLUSIONES Y RECOMENDACIONES

Aunque este trabajo por limitaciones de tiempo se realizó en fincas de los estados Cojedes y Portuguesa, las conclusiones a las que se llegó dan una aproximación sobre la situación actual del problema, ya que los factores que están influyendo en las poblaciones de jaguar y de puma no deben variar mucho de un estado a otro, al menos dentro de la región del Llano.

La región estudiada presenta características propicias para albergar una importante población de pumas y jaguares, debido a las características del relieve y a la cantidad de bosques, así como al patrón de distribución de éstos.

La intensidad de la cacería de jaguares y pumas en la región estudiada es bastante alta y posiblemente sea el principal factor de amenaza para ambas especies en la región. El hecho de que no se esté comercializando con las pieles de estos félidos no implica que la cacería se haya reducido a niveles insignificantes. En la región, los félidos continúan siendo cazados debido a que con una frecuencia alta (73 % de las fincas) ocasionan pérdidas de ganado, aunque en 68 % de las fincas estudiadas la proporción de ganado depredado fue inferior al 1 % del rebaño durante los tres años que abarcó el estudio.

La presión de la cacería sobre estos félidos en la región es muy alta y posiblemente superior a la presión que sobre sus poblaciones ejerce directamente la destrucción de hábitat (deforestaciones principalmente) en el corto y mediano plazo.

Se recomienda un mayor control oficial sobre la cacería de estos animales y la aplicación de la Ley Penal del Ambiente a los cazadores de estas especies.

PROFAUNA debe establecer un servicio de control de los animales que comprobadamente estén causando daños excesivos a los ganaderos, pudiendo utilizar para ello los servicios de los cazadores profesionales que tienen los perros, los equipos y la experiencia, pero que hasta ahora lo han hecho de manera ilegal.

La deforestación total de una finca no soluciona el problema de la depredación de ganado, debido a que los pumas pueden atacar a los becerros indistintamente del tipo de vegetación presente y del tamaño de las fincas. Los jaguares por el contrario, atacan al ganado dentro o cerca de las grandes manchas de bosques y sus ataques se hacen más probables en la medida en que las fincas son más grandes.

Los becerros lactantes son las víctimas más comunes de los pumas y jaguares en lo que se refiere al ganado. Aunque los jaguares pueden ocasionalmente matar incluso reses adultas, los becerros lactantes y mautes menores de dos años son sus víctimas más frecuentes. Se recomiendan medidas de protección al ganado joven para disminuir la probabilidad de que sean víctimas de los félidos. Algunas de las medidas que pueden aplicarse son el mantenimiento en potreros cercanos a las instalaciones principales del hato y la vigilancia diaria.

En muchos casos los ganaderos conocen y han ensayado medidas de manejo del ganado que les resultan exitosas en el control y prevención de la depredación de ganado por félidos. Tal es el caso de los cambios de potreros del ganado cuando hay algún jaguar o puma matando ganado.

Siendo los félidos causantes de pérdidas económicas en la mayoría de las fincas, aunque en una alta proporción esas pérdidas sean insignificantes, será siempre difícil controlar la matanza de jaguares y pumas en los hatos. Deben realizarse esfuerzos consistentes para que los ganaderos no permitan la cacería de estos félidos al menos mientras no estén causando daños a la ganadería. La obtención de beneficios económicos a través del aprovechamiento del valor escénico de los félidos puede ser una buena alternativa para promover la conservación de los félidos, antes de tener que recurrir a la legalización de la cacería para generar beneficios a través del valor cinegético.

Una medida que podría ayudar a la conservación de estos animales sería la promoción de la cacería fotográfica de jaguares en la comunidad nacional e internacional. Se debería estimular el establecimiento de un servicio turístico especial para aficionados a la fotografía naturalista, tanto venezolanos como extranjeros Los ganaderos que tengan jaguares en su propiedad contactarían al servicio de turismo y éste llevaría a la finca a los turistas-fotógrafos. De esa manera, el propietario del ganado recibiría ganancias tangibles e inmediatas de los jaguares y posiblemente se convertiría en un protector de la especie o al menos de los individuos que no estén causando pérdidas.

Debe fomentarse el desarrollo de sistemas de producción agropecuarios sostenibles a través de las instituciones gubernamentales y no gubernamentales relacionadas con la actividad agropecuaria y con la conservación (MAC, MARNR, Universidades, ONG). Así mismo, las universidades deben actualizar la formación agropecuaria que imparten a nivel técnico, profesional y de postgrado, para incluir los aspectos relacionados con el enfoque de la sostenibilidad de los sistemas de producción agropecuarios. Sólo así se logrará cambiar la tendencia actual de destrucción de hábitat para convertirlos en áreas de monocultivos.

Se deben realizar investigaciones para el mejor conocimiento de los recursos naturales autóctonos y el desarrollo de las tecnologías que son necesarias para su manejo racional, en armonía con las características, potencialidades y limitaciones propias de los ecosistemas tropicales.

Debe establecerse un programa integral para la conservación de los félidos silvestres que coordinado por PROFAUNA/MARNR involucre activamente a las Universidades nacionales, organizaciones no gubernamentales, asociaciones de ganaderos y a la federación Venezolana de Cazadores. Este programa debe estar dirigido a cumplir con los siguientes puntos:

1°.- Conservación de grandes extensiones de hábitat inalterado o con mínima intervención, a través de áreas protegidas por el Estado (Parques Nacionales, Reservas y Refugios de Fauna) y de las porciones de bosques que debe conservar cada finca. Esto es necesario no sólo para la conservación de los félidos sino de toda la diversidad biológica.

2°.- Ofrecerle a los ganaderos un servicio legal que les solucione los casos de félidos cebados a matar ganado, a través de los medios más eficaces y convenientes que se determinen en cada caso. Paralelamente, se deben imponer sanciones ejemplares a quienes procedan ilegalmente a la cacería de depredadores.

3°.- Lograr que los ganaderos toleren en su finca la presencia de félidos que no estén cebados a depredar sobre el ganado. Esta es una condición imprescindible para asegurar el éxito del programa. Para ello se recomienda el diseño y ejecución de una campaña de educación ambiental dirigida a los propietarios de tierras y habitantes rurales, con el fin de divulgar la importancia de estas especies de depredadores en el ecosistema y las medidas preventivas y de control para disminuir la depredación sobre el ganado y así disminuir la intensidad de la cacería de estas especies en la región.

4°.- Realización de investigaciones de campo y seguimiento de las poblaciones de jaguares y pumas en la región del Llano boscoso, con el fin de determinar la densidad poblacional, uso de los hábitat, territorios, movilidad y otras variables que puedan ser de utilidad para los planes de conservación de estas especies. En este sentido, debido a la abundancia de estas especies, se recomienda ampliamente la región del Llano limitada al norte por las galeras del Pao, las cuales deberían incluirse, al este por el río Chirgua, al sur y al oeste por el río Portuguesa.

BIBLIOGRAFÍA CITADA

Appun, C.F. 1968. En los Trópicos. Universidad Central de Venezuela. Caracas.

Aranda, M. 1992. El Jaguar (*Panthera onca*) en la Reserva Calakmul, México: morfometría, hábitos alimentarios y densidad de población. Memorias del Simposio sobre Felinos de Venezuela: Biología, Ecología y Conservación. FUDECI - PROFAUNA. Caracas.

Arra, M.A. 1974. Distribución de *Leo onca* (L) en Argentina (Carnivora, Felidae). Neotrópica, 20:156-158.

Ayarzagüena, J. y Velasco, A. 1992. Situación actual de las poblaciones venezolanas de Baba (*Caimán crocodilus*) sometidas a aprovechamiento. Proyecto MARNR-CITES. Caracas.

Barrera, R. y De Lucca, A. 1992. Relatoría, conclusiones y recomendaciones del Taller "El Futuro de los Felinos en Venezuela". Memorias del Simposio sobre Felinos de Venezuela: Biología, Ecología y Conservación. FUDECI-PROFAUNA. Caracas.

Bisbal, F. 1987. The Carnivores of Venezuela: The distribution and the ways they have been affected by human activities. Master Thesis. University of Florida. Gainsville.

Brock, S. 1963. The jaguar (*Panthera onca*). Journal of the Britihs Guiana Museum and Zoo. 37:46-48.

Brooks, D. M. 1992. Felids in the Paraguayan Chaco. Cat Specialist Group. Cat News 16:19-23.

Cardozo, A. 1986. Estudio técnico económico y caracterización de los sistemas de producción agropecuarios de la región Suroeste del Distrito Guanarito, Edo. Portuguesa.

UNELLEZ. VI Congreso Venezolano de Zootecnia, Maracay.

Cova, L. J. 1993. Especies en peligro. Rev. Natura 96, p.p. 58.

Crawshaw, P. 1992. Recomendations for study design on research projects on neotropical felids. Memorias del Simposio sobre Felinos de Venezuela: Biología, Ecología y Conservación. FUDECI - PROFAUNA. Caracas.

Crawshaw, P. y Quigley, H. 1991. Jaguar spacing, activity and habitat use in a seasonally environment in Brazil. Journal of Zoology. 223(3):357-370.

Eichler, A. 1966. Conservación. Talleres Gráficos de la Universidad de Los Andes. Mérida.

Eisenberg, J.F. 1989. Mammals of the Neotropics. The Northern Neotropics. Volume 1. The University of Chicago Press. Chicago.

Emmons, L.H. 1987. Comparative feeding ecology of felids in a neotropical rainforest. Behav. Ecol. Sociobiol. 20:271-283.

Ewel, J.; Madriz, A. y Tosí, J. 1976. Zonas de vida de Venezuela. MAC.

González-Fernández, A.J. 1992. Los Felinos y la Ganadería en Venezuela. Memorias del Simposio sobre Felinos de Venezuela: Biología, Ecología y Conservación. FUDECI - PROFAUNA. Caracas.

González-Fernández, A.J. 1993a. La fauna silvestre en los sistemas de producción agropecuarios. Libro de Conferencias del "I Ciclo de Conferencias sobre Sistemas Pecuarios Tropicales". UNELLEZ - SEZ. Guanare.

González-Fernández, A.J. 1993b. Sociedad científica para el desarrollo de sistemas de producción agropecuarios diversificados, integrados y sostenibles "SPADIS": Acta Constitutiva y Estatutos. Guanare.

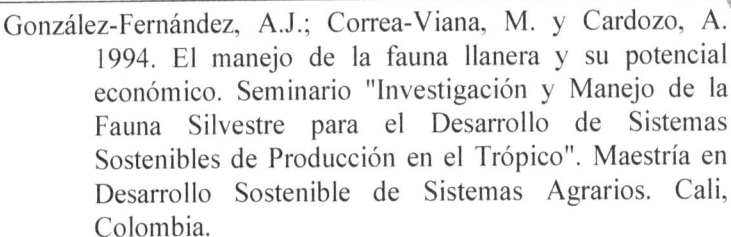

González-Fernández, A.J.; Correa-Viana, M. y Cardozo, A. 1994. El manejo de la fauna llanera y su potencial económico. Seminario "Investigación y Manejo de la Fauna Silvestre para el Desarrollo de Sistemas Sostenibles de Producción en el Trópico". Maestría en Desarrollo Sostenible de Sistemas Agrarios. Cali, Colombia.

González-Fernández, M.E. 1992. Composición y estructura de la mastofauna de la región del Macizo Rocoso de El Baúl. Trabajo de Aplicación de Conocimientos. UNELLEZ, Guanare.

Grüber, R. 1972. El Jaguar o tigre americano. Monte Ávila Editores. Caracas.

Hoogesteijn, R.; Hoogesteijn, A. y Mondolfi, E. 1992. El dilema depredación vs. conservación del jaguar y análisis de la mortalidad de bovinos causada por felinos en tres hatos del Llano venezolano. Memorias del Simposio sobre Felinos de Venezuela: Biología, Ecología y Conservación. FUDECI -PROFAUNA. Caracas.

Hoogesteijn, R. y Mondolfi, E. 1990. Factores que Afectan el Presente y Futuro de las Poblaciones del Jaguar en Venezuela. Revista Natura 90:8-15.

Hoogesteijn, R., y E. Mondolfi. 1992. El jaguar, tigre americano. Caracas: Armitano Editores. 182 pp.

Hoogesteijn, R.; Mondolfi, E. y Michelangeli, A. 1986. Observaciones sobre el estado de las poblaciones y las medidas para la conservación del jaguar en Venezuela. En: Symposium International Coservation Status of the Jaguar. Manaus, Brazil. International Council for Game and Wildlife Conservation. Paris, France. pp. 31-75.

Iriarte, J.A.; Franklin, W.L.; Johnson, N.E. y Redford, K.H. 1990. Biogeographic variation of food habits and body size of the american puma. Oecología. 85(2): 185-190.

Jackson, P. 1992. The status and conservation of the wild cats. Memorias del Simposio sobre Felinos de Venezuela:

Biología, Ecología y Conservación. FUDECI - PROFAUNA. Caracas.

Jackson, P. 1993. Book Reviews. Cat Specialist Group. Cat News 19:27-29.

Koford, C.B. 1975. Felids of Latin America: importance and future prospects. Proc. Third Intemat. Symp. World's Cats, 3(l):79-88.

McNeely, J.; Miller, K.R.; Reid, W.V.; Mittermeier, R.A. y Wemer, T.B. 1990. Conservind the World's Biological Diversity. lUCN, Gland, Switzerland; WRI, CI, WWF-US and World Bank. Washington D.C.

Medina Padilla, G. y Hernández, O. 1992. Encuesta dirigida al sector agropecuario con la finalidad de conocer sobre el status poblacional del jaguar (*Panthera onca*). Servicio Autónomo PROFAUNA del Ministerio del Ambiente y de los Recursos Naturales Renovables. I Simposio sobre Felinos de Venezuela, su Manejo y Conservación. Caracas (Mimeo).

Medina Padilla, G., Méndez Arocha, J.L. y Siso, E. 1992. Alternativas para la preservación y el manejo del jaguar en Venezuela. Memorias del Simposio sobre Felinos de Venezuela: Biología, Ecología y Conservación. FUDECI -PROFAUNA. Caracas.

Mejías, Y.; Muñoz, D.; González-Fernández, A.J. y Cardozo, A. 1988. Caracterización preliminar de los sistemas de producción pecuarios de la región Centro-Sur del estado Cojedes. UNELLEZ. VI Congreso Venezolano de Zootecnia, Maracay.

Mondolfi, E. y Hoogesteijn, R. 1986. Notes on the Biology and Status of the jaguar in Venezuela. En: Cats of the World: Biology, Conservation and Management, pp. 85-123. Nat. Wildl. Fed. Washington.

Mondolfi, E. y Hoogesteijn, R. 1992. Investigaciones para el manejo de poblaciones del jaguar. Memorias del Simposio sobre Felinos de Venezuela: Biología,

Ecología y Conservación. FUDECI - PROFAUNA. Caracas.

Paradiso, J.L. 1972. Status report on cats **(Felidae)** of the world. 1971, Spec. Esi. Rept. U.S. Fish Wildl. Ser., 157:1-43.

Peetz, A.; Norconk, M.A. y Kinzey, W.G. 1992. Predation by jaguar on howler monkeys (*Alouatta seniculus*) in Venezuela. American Journal of Primatology, 28(3):223-228.

Quigley, H.B. 1987. Ecology and conservation of the jaguar in the Pantanal región, Mato Grosso do Sul, Brazil. Ph.D. Tesis. University of Idaho, Moscow.

Rabinowitz, A.R. 1986. Jaguar predation on domestic livestock in Belize. Wildl. Soc. Bull. 14 (2):170-174.

Rabinowitz, A.R. 1992. The conservation of the jaguar: a case study in Belize. Memorias del Simposio sobre Felinos de Venezuela: Biología, Ecología y Conservación. FUDECI-PROFAUNA. Caracas.

Rabinowitz, A.R. y Nottingham, B.G. 1986. Ecology and behavior of the Jaguar (*Panthera onca*) in Belize, Central America. J.Zool., Lond. 210:149-159.

Romer, R.; De Armas, H.; Jaén, R.; Tovar, M. y Mujica, J. 1970. Los félidos y su caza en Venezuela. Rev. Natura. (43-44):3-7.

Sachs, C. 1987. De los Llanos. Fondo Editorial CONICIT. Caracas.

Seymour, K.L. 1989. *Panthera onca*. Mammalian Species. 340:1-9.

Schaller, G.B. 1983. Mammals and their biomass on a Brazilian ranch. Arq. Zoo. Sao Paulo. 31(1): 1-36.

Schaller, G.B. y Crawshaw, P. 1980. Movement patterns of jaguar. Biotrópica, 12:161-168.

Schaller, G.B. y Vasconcelos, J.M.C. 1978. Jaguar predation on capybara. Z. Sáugetierk., 43:296-301.

Spósito, E. 1986. Análisis colectivo. Material académico de la Facultad de Agronomía de la Universidad Central de Venezuela, Maracay.

Swank, W.G. y Teer, J.G. 1989. Status of the Jaguar 1987. A Report. The National Fish and Wildlife Fundation. Washington.

Swank, W.G. y Teer, J.G. 1992. A proposed program for sustained jaguar populations. Memorias del Simposio sobre Felinos de Venezuela: Biología, Ecología y Conservación. FUDECI - PROFAUNA. Caracas.

Teer, J.G. y Swank, W.G. 1986. The current biological and political status of the jaguar. Symposium Status of the jaguar and wildlife management in neotropical moist forest. Manaus, Brasil. International Council for the Conservation of Game. Paris.

Tello, J. 1979. Mamíferos de Venezuela. Fundación La Salle de Ciencias Naturales. Caracas.

Terborgh, J. 1988. The big things that run the world. Conservation Biology. 2(4):402-403.

Thornback, J. y Jenkins, M. 1982. IUCN Mammal Red Data Book. Part I. International Union Conservation Nature, Gland, Switzerland, 516 pp.

Wozencraft, C. 1993. New Felid Taxonomy. Cat Specilist Group. Cat News 18:23-24.

WRI. 1990. World Resources 1990-91. World Resources Institute. Oxford University Press. New York.

Yáñez, J.L.; Cárdenas, J.C.; Gezelle, P. y Jaksic, M. 1986. Food habits of the southerrunost mountain lions (*Felis concolor*) in South America: Natural versus Livestocked ranges. J. Mamm. 67(3):604-606.

Apéndice I

ENCUESTA

Antonio J. González-Fernández

Universidad Nacional Experimental
de los Llanos Occidentales
"Ezequiel Zamora"

**FRECUENCIA, FACTORES PREDISPONENTES Y CONSECUENCIAS
DE LA DEPREDACIÓN DE GANADO POR YAGUARES Y PUMAS
EN LOS LLANOS BOSCOSOS DE VENEZUELA**

Antonio J. González-Fernández

ENCUESTA

☞ Código N° : _____   Fecha de la Encuesta: _____
◆ Nombre de la Finca: _____
◆ Estado _____   Municipio: _____
◆ Nombre del Encuestado: _____
◆ Cargo en la finca: _____
◆ Nombre del Propietario: _____
◆ ¿Cuántos años tiene el propietario con esta finca?: _____ años
◆ ¿Dependencia económica del propietario?

		1	Principalmente de otra actividad no agropecuaria
		2	Principalmente de otra actividad agropecuaria
		3	Principalmente de esta finca
		4	Únicamente de esta finca

◆ ¿Cada cuánto tiempo visita el propietario la finca?

		1	Una o dos veces al año
		2	Cada tres meses
		3	Cada dos meses
		4	Una vez al mes
		5	Cada dos semanas
		6	Todas las semanas
		7	Todos los días
		8	Está residenciado en la finca.

◆ ¿Duración de cada visita del propietario a la finca?   _____ dias.

☞ Permanencia del propietario en la finca: _____ dias/año.

◆ ¿Distancia de la Residencia del Propietario a la finca?   _____ Km.

◆ ¿Nivel Educativo del Propietario y del Encargado/Administrador:?

Propietario	Encargado		
[ ]	[ ]	1	Analfabeta
[ ]	[ ]	2	Sin estudios, sabe leer y escribir
[ ]	[ ]	3	Sólo Primaria
[ ]	[ ]	4	Bachillerato Incompleto
[ ]	[ ]	5	Bachiller
[ ]	[ ]	6	Técnico Medio
[ ]	[ ]	7	Técnico Superior
[ ]	[ ]	8	Profesional Universitario

◆ ¿Superficie total de la Finca?   _____ Há.

◆ ¿Distancia a la vía asfaltada más cercana?   _____ Km.

◆ ¿Distancia al poblado más cercano? _____ Km. = _____

◆ ¿Cuántos potreros tiene la finca? _____ potreros.
  ☞ Superficie Promedio por potrero: _____ Há.

◆ ¿Cuántos potreros están totalmente libres de vegetación boscosa? _____ potreros.
  ☞ Porcentaje de potreros libres de bosques/Total de potreros: _____ %.

◆ ¿Superficie dedicada a la agricultura? _____ Há.
◆ ¿Superficie de Pastos Naturales? _____ Há.
◆ ¿Superficie de Pastos Introducidos? _____ Há.
◆ ¿Superficie de Bosque de Galería? _____ Há.
◆ ¿Superficie de Bosque Decíduo o Semidecíduo? _____ Há.
◆ ¿Superficie de Sabana Arbolada? _____ Há.

☞ Proporción de la Superficie dedicada a la agricultura: _____ %.
☞ Proporción de la Superficie de Pastos Naturales: _____ %.
☞ Proporción de la Superficie de Pastos Introducidos: _____ %.
☞ Proporción de la Superficie de Bosque de Galería: _____ %.
☞ Proporción de la Superficie de Bosque Decíduo o Semidecíduo: _____ %.
☞ Proporción de la Superficie de Sabana Arbolada: _____ %.

◆ ¿Cómo está distribuido el bosque en la finca?

        [   ] 1   No hay bosques.
        [   ] 2   Formando un solo lote.
        [   ] 3   Formando varias franjas.
        [   ] 4   Formando varios lotes irregulares aislados.
        [   ] 5   Formando varios lotes irregulares conectados.
        [   ] 6   En manchas dispersas en toda la finca.
        [   ] 7   Únicamente a lo largo de los cuerpos de agua.

◆ ¿Cuando Ud. conoció esta finca tenía más bosques que ahora o tenía menos?

        [   ] 1   Tenía menos bosques
        [   ] 2   Aproximadamente igual
        [   ] 3   Tenía más bosques

◆ ¿A qué atribuye Ud. el cambio en la cantidad de bosques?

        [   ] 1   Desforestaciones
        [   ] 2   Quemas
        [   ] 3   Pastoreo del Ganado
        [   ] 4   Reforestación Natural
        [   ] 5   Reforestaciones Programadas
        [   ] 6   Riego o Drenajes realizados por el hombre

◆ ¿Cuántos kilómetros de ríos tiene esta finca? _____ Km.
◆ ¿Cuántos kilómetros de caños permanentes tiene esta finca? _____ Km.
◆ ¿Cuántos kilómetros de caños temporales tiene esta finca? _____ Km.
◆ ¿Superficie sujeta a inundación que tiene esta finca? _____ Há.
  ☞ Proporción de la Superficie que está sujeta a inundación: _____ %.

CLASIFICACION DEL SISTEMA DE PRODUCIÓN.

◆ Según la Intensidad de Explotación:

        [   ] 1   Intensivo
        [   ] 2   Semi-intensivo
        [   ] 3   Semi-extensivo
        [   ] 4   Extensivo

◆ Según el producto:

    [ ] 1   Carne
    [ ] 2   Doble Propósito
    [ ] 3   Leche

◆ Según la Escala de Explotación:

    [ ] 1   Cría Vaca-Becerro
    [ ] 2   Cría Vaca-Maute
    [ ] 3   Cría Vaca-Novillo
    [ ] 4   Levante
    [ ] 5   Ceba

◆ Tipo de ganado que tiene la finca:

    [ ] 1   Cebú puro
    [ ] 2   Alto Mestizaje Cebú
    [ ] 3   Mediano Mestizaje Cebú
    [ ] 4   Alto Mestizaje Europeo
    [ ] 5   Europeo Puro

◆ ¿Cuántas cabezas de bovinos ha mantenido en promedio esta finca en los últimos tres años? _____ Cab.

◆ ¿Cuántas cabezas de equinos ha mantenido esta finca en promedio en los últimos tres años? _____ Equ.

  ☞ Densidad de Bovinos: _____ Cabezas/Km^2
  ☞ Densidad de Equinos: _____ Cabezas/Km^2
  ☞ Densidad Total: _____ Cabezas/Km^2
  ☞ Carga Total: _____ U.A./Km^2

◆ ¿Vacunación contra Aftosa?   [ ] 0 NO   [ ] 1 SI
◆ ¿Vacunación contra Brucelosis?   [ ] 0 NO   [ ] 1 SI
◆ ¿Vacuna Triple a los Becerros?   [ ] 0 NO   [ ] 1 SI
◆ ¿Frecuencia de Desparasitación Interna?   _____ Veces/año
◆ ¿Frecuencia de Desparasitación Externa?   _____ Veces/año
◆ ¿Cura de Ombligo al Nacer los Becerros?   [ ] 0 NO   [ ] 1 SI
◆ ¿Tatuaje con Número Individual?   [ ] 0 NO   [ ] 1 SI
◆ ¿Hierro al Fuego con Número Individual?   [ ] 0 NO   [ ] 1 SI
◆ ¿Temporada de Monta Limitada?   [ ] 0 NO   [ ] 1 SI
◆ ¿Frecuencia de Inventario General?   _____ Veces/año

◆ ¿Suplementación Mineral al Ganado?

    [ ] 1   Nunca
    [ ] 2   Ocasionalmente - De vez en cuando
    [ ] 3   Sólo en la temporada de sequía
    [ ] 4   Sólo en la temporada de lluvias
    [ ] 5   Todo el año

◆ ¿El ganado adulto tiene acceso al bosque?

    [ ] 1   Nunca
    [ ] 2   Ocasionalmente - De vez en cuando
    [ ] 3   Sólo en la temporada de sequía
    [ ] 4   Sólo en la temporada de lluvias
    [ ] 5   Todo el año

◆ ¿El ganado joven (becerros y mautes) tiene acceso al bosque?

    [   ] 1   Nunca
    [   ] 2   Ocasionalmente - De vez en cuando
    [   ] 3   Sólo en la temporada de sequia
    [   ] 4   Sólo en la temporada de lluvias
    [   ] 5   Todo el año

◆ ¿Han aparecido en los últimos tres años animales con señales de haber sido atacados por un tigre o un león?

    [   ] 0   NO
    [   ] 1   SI

◆ ¿Cuántos animales han aparecido muertos por tigre o león en los últimos tres años?

    Becerros Menores de 4 meses: _____ animales
    Becerros Mayores de 4 meses: _____ animales
    Mautes de 8 a 12 meses: _____ animales
    Mautes de 12 a 18 meses: _____ animales
    Mautes de 18 a 24 meses: _____ animales
    Novillas/Novillos: _____ animales
    Vacas   _____ animales
    Toros   _____ animales

    Equinos de Trabajo: _____ animales
    Equinos de Cría: _____ animales
    Potros menores de 1 año: _____ animales
    Potros mayores de 1 año: _____ animales

    TOTAL DE GANADO DEPREDADO: _____ animales

◆ ¿ En la zona donde está ubicada la finca se han presentado problemas de robo de ganado, en los últimos 5 años?

    [   ] 1   No han habido problemas
    [   ] 2   Sí han habido problemas

◆ ¿Cree Ud. que alguna res desaparecida en esta finca atribuida a ataques de tigres o leones, pueda haber sido más bien robada?

    [   ] 1   No es posible
    [   ] 2   Poco Probable
    [   ] 3   Muy Probablemente

◆ ¿Qué hace Ud. cuando algún miembro del personal de la finca le comunica que apareción una res muerta?

    [   ] 1   No hace nada
    [   ] 2   Toma nota de lo sucedido
    [   ] 3   Pide la identificación del animal
    [   ] 4   Inspecciona personalmente los restos

◆ ¿Cómo es la intensidad de la cacería de subsistencia o de los campesinos en la finca?

    [   ] 1   No se realiza
    [   ] 2   Muy Baja
    [   ] 3   Mediana
    [   ] 4   Alta
    [   ] 5   Muy Alta

Antonio J. GONZÁLEZ-FERNÁNDEZ

♦ ¿Cómo es la intensidad de la cacería furtiva clandestina en la finca?

[   ] 1   No se realiza
[   ] 2   Muy Baja
[   ] 3   Mediana
[   ] 4   Alta
[   ] 5   Muy Alta

♦ ¿Cómo es la intensidad de la cacería autorizada por el propietario en la finca?

[   ] 1   No se realiza
[   ] 2   Muy Baja
[   ] 3   Mediana
[   ] 4   Alta
[   ] 5   Muy Alta

♦ ¿Cómo es la intensidad de la cacería deportiva en la finca?

[   ] 1   No se realiza
[   ] 2   Muy Baja
[   ] 3   Mediana
[   ] 4   Alta
[   ] 5   Muy Alta

♦ ¿Cómo es la intensidad de la cacería general en la finca?

[   ] 1   No se realiza
[   ] 2   Muy Baja
[   ] 3   Mediana
[   ] 4   Alta
[   ] 5   Muy Alta

♦ ¿Cuántos leones han matado en esta finca en los últimos cinco años? _____ pumas

♦ ¿Cuántos tigres han matado en esta finca en los últimos cinco años? _____ yaguares

☞ ¿Cómo es la abundancia relativa de la siguientes especies en la finca?

Venado	[ ] 1	[ ] 2	[ ] 3	[ ] 4	[ ] 5	[ ] 6
Báquiros	[ ] 1	[ ] 2	[ ] 3	[ ] 4	[ ] 5	[ ] 6
Chigüire	[ ] 1	[ ] 2	[ ] 3	[ ] 4	[ ] 5	[ ] 6
Picure	[ ] 1	[ ] 2	[ ] 3	[ ] 4	[ ] 5	[ ] 6
Lapa	[ ] 1	[ ] 2	[ ] 3	[ ] 4	[ ] 5	[ ] 6
Conejo	[ ] 1	[ ] 2	[ ] 3	[ ] 4	[ ] 5	[ ] 6
Baba	[ ] 1	[ ] 2	[ ] 3	[ ] 4	[ ] 5	[ ] 6
Galápago	[ ] 1	[ ] 2	[ ] 3	[ ] 4	[ ] 5	[ ] 6
Zorro	[ ] 1	[ ] 2	[ ] 3	[ ] 4	[ ] 5	[ ] 6
Morrocoy	[ ] 1	[ ] 2	[ ] 3	[ ] 4	[ ] 5	[ ] 6
Cachicamo	[ ] 1	[ ] 2	[ ] 3	[ ] 4	[ ] 5	[ ] 6

♦ ¿Cómo han solucionado hasta ahora los casos de tigres o leones cebados?

[   ] 1   No se ha hecho nada
[   ] 2   Matando al felino cebado
[   ] 3   Cambiando el ganado de potrero
[   ] 4   Llamando a Cazadores Especialistas para matarlo
[   ] 5   Otra: _____

♦ ¿Cuál cree Ud. que es la forma más apropiada para prevenir que los tigres o leones se ceben a matar ganado?

```
[    ] 1    No hay forma de prevenirlo
[    ] 2    No permitiendo la presencia de felinos en la finca
[    ] 3    Matando a cualquier tigre o leon que aparezca
[    ] 4    Auyentando los felinos con tiros
[    ] 5    Desforestación total de la finca
[    ] 6    No dejando que el ganado entre al bosque
[    ] 7    Manteniendo los becerros y potros en potreros sin bosque
[    ] 8    Conservando las presas naturales
[    ] 9    Otra: _____
```

♦ ¿Cuál considera Ud. que es la forma ideal de controlar los felinos cebados?

```
[    ] 1    Pagarle a un cazador profesional para que lo mate
[    ] 2    Pagar una recompensa al obrero que lo mate
[    ] 3    Cazar Ud. mismo el felino cebado
[    ] 4    Avisarle a un amigo para que venga a matarlo
[    ] 5    Cobrarle a algún cazador por el derecho a cazarlo
[    ] 6    Capturarlo vivo y transportarlo a otra parte
[    ] 7    Cobrarle a uristas por fotografiarlo y dejarlo vivo
[    ] 8    Esperar que por sí solo se vaya a otra parte
[    ] 9    Otra: _____
```

♦ ¿Cómo era el tipo de vegetación donde aparecieron las reses muertas por felinos?

```
[    ] 1    Sabana Abierta
[    ] 2    Sabana con Arboles Aislados
[    ] 3    Mata de Sabana
[    ] 4    Bosque Decíduo
[    ] 5    Bosque de Galería
```

♦ ¿Los casos de ganado matado por felinos en los últimos tres años, fueron causados por tigres o por león?

```
[    ] 1    Por Yaguar
[    ] 2    Por Pumas
[    ] 3    Por Ambas Especies
```

♦ ¿En cual época del año son más frecuentes los ataques de los felinos al ganado?

```
[    ] 1    Todo el año es igual
[    ] 2    En la Temporada de lluvias
[    ] 3    En la Temporada de Sequía
[    ] 4    En la Entrada de las Lluvias
[    ] 5    En la Salida de las Lluvias
```

♦ ¿Cuando Ud. llegó a esta finca habían más ataques de los felinos al ganado o ahora hay más?

```
[    ] 1    Antes eran más frecuentes
[    ] 2    Siempre ha sido más o menos igual
[    ] 3    Ahora son más frecuentes
```

♦ Suponiendo que Ud. anda por un bosque en la finca con una escopeta y encuentra por casualidad un tigre sobre la horqueta de un samán, ¿Ud. lo mataría?

```
[    ] 0    NO
[    ] 1    SI
```

Apéndice II

LA CACERÍA DE UN JAGUAR

LA CACERÍA DE UN JAGUAR

Antonio J. GONZÁLEZ-FERNÁNDEZ
Mataclara, enero 1993

Hay un jaguar en el Llano
que lo llaman mariposo,
pero lo quieren matar
y no le dejan reposo.

Un llanero vio sus huellas
y es una hembra parida,
la buscan para matarla,
no le perdonan la vida.

Sus dos pequeños cachorros
necesitan alimento,
la madre sale a cazar
para llevarles sustento.

No han báquiros ni venados
y no encuentra qué comer...
¿Tendrá qué matar ganado
para poderlos mantener?

Después de caminar mucho
por el bosque y por el cerro,
sin encontrar cacería,
se encontró con un becerro.

El hambre de varios días
la obligó a matar ganado,
le resultó fácil la presa
más grande que había matado.

Desde ese día la tigra
se dedicó a matar reses
y así pasaban los días,
las semanas y los meses.

Para un jaguar, un bovino
es muy fácil de matar,
le rinde bastante carne
y se puede acostumbrar.

Pero un jaguar que conviva
con abundantes venados,
con báquiros y chigüires
no atacará los ganados.

¿Quién es el culpable entonces?
¿La tigra que se ha cebado
o el hombre que por capricho
sin comida la ha dejado?

La tigra que había matado
diez becerro nada más,
fue culpada de la muerte
de seis toros además.

Mucha gente comió carne
de aquellos toros perdidos
pero en la tigra y sus crías
la sentencia había caído.

Una noche el propietario
cruzando la carretera,
vio la tigra y exclamó:
¡Caramba, si Juan la viera!

Llegaron los cazadores
solicitando baquianos,
con seis perros orejones,
seis sabuesos veteranos.

Los perros rápidamente
con el rastro se toparon
y los hombres más atrás
más que corrieron... ¡volaron!

Los aullidos de los perros
dieron cuenta al cazador,
la tigra era un blanco fácil
hasta para un mal tirador.

El hombre con su escopeta
armada con bala rasa,
no piensa en ese momento
lo que a la tigra le pasa.

A la tigra arrinconada
el cazador le dispara,
con el tiro a quema-ropa
le saltó sangre en la cara.

Los perros enardecidos
a los cachorros destrozan,
los mira la agonizante,
los hombres gritan y gozan.

Remataron a la madre
y luego con saña cruel,
le arrancaron los colmillos
y le quitaron la piel.

Se repartieron la carne
como si fuera un botín
y los perros complacidos
disfrutaron del festín.

Inocentes o culpables
están siendo exterminados,
porque a matar los jaguares
¡hay hombres que están cebados!

Antonio J. González-Fernández

NOTAS DEL LECTOR

La edición de este libro fue culminada el
24 de Febrero de 2017.

EL AUTOR

Antonio J. González-Fernández

AGRADECE EL ENVÍO DE OPINIONES, COMENTARIOS
Y SUGERENCIAS SOBRE ESTA OBRA A:

ANGONFER@gmail.com

https://www.facebook.com/ANGONFER

@ANGONFER

@antoniojotagonzalezfernandez

ESTE LIBRO FUE EDITADO POR

DocDigOri ®

Documentos
Digitales
Originales®